Anna, Lily und Regine

Antje Leschonski (Hg.)

Anna, Lily und Regine

30 Frauenporträts aus Brandenburg-Preußen

vbb verlag für berlin-brandenburg

Wir danken der Hoffbauer-Stiftung, Potsdam, für die Unterstützung bei der Drucklegung des Bandes.

Die Porträts auf dem Cover zeigen von links oben im Uhrzeigersinn:
Melli Beese, Regine Hildebrandt,
Clara Hoffbauer, Libertas Schulze-Boysen

Umschlaggestaltung und Satz: Tina Raccah, Berlin
Druck: Druckhaus Nomos, Sinzheim
Bindung: Josef Spinner Großbuchbinderei, Ottersweier

ISBN: 978-3-86650-352-6

1. Auflage 2010

Stresemannstraße 30, D–10963 Berlin
www.verlagberlinbrandenburg.de

Inhalt

Grusswort

Obwohl seit der Renaissance auch bekannte Frauen als historische Persönlichkeiten wahrgenommen wurden, war der Weg bis zur Gleichberechtigung der Frau auch in Brandenburg-Preußen weit und sehr beschwerlich. Umso stärker verbinden sich mit den Namen herausragender Frauenpersönlichkeiten auch immer gesellschaftliche, kulturelle und nicht selten revolutionäre Veränderungen, die die Geschichte Brandenburgs und Preußens in ihrer jeweiligen Epoche zu prägen vermochten – bis heute.

Es ist spannend und lohnenswert, die Verdienste dieser Frauen im Spiegel der Gegenwart neu zu hinterfragen und zu reflektieren, um den Nachgeborenen und uns Heutigen ihr Vermächtnis ans Herz zu legen. Der vorliegende Band will genau dies tun. Wir lernen dreißig Frauen kennen, deren Mehrheit in Vergangenheit und Gegenwart das Gesicht Brandenburgs in Politik, Wirtschaft, Religion und Kultur verändert haben. Mit Mut und Anmut, gewissermaßen.

Ob als Kurfürstin oder als Hebamme des kurfürstlichen Hofes, ob als sorbische Fabrikarbeiterin und Schriftstellerin oder als tollkühne Pilotin, ob als Gewerkschafterin, Politikerin oder Mitglied des Widerstands gegen den Nationalsozialismus – alle in diesem Band vereinten Frauen kämpften auf ihre Weise mit unterschiedlichen Schwerpunkten für eine bessere Welt. Meist visionär in ihrer Zeit und immer außergewöhnlich im wahrsten Sinne des Wortes.

Insofern sind die hier vereinten Porträts nichts Geringeres als Heldinnen-Geschichten über Frauen, die Willensstärke und Mut bei der Umsetzung ihrer Ziele und der Verwirklichung ihrer Ideale bewiesen haben. Davon erzählen die Beiträge in diesem Buch. Vom Leben und Streben dieser ebenso verschiedenen wie berühmten Frauen, von ihren Wünschen und Hoffnungen und ihrer Sehnsucht nach Glück. Und wie sie in schwierigen Zeiten des Auf- oder Umbruchs über sich hinauswuchsen und dadurch vielfach zu Vorbildern wurden. Für ihre Mitmenschen und – für uns, Frauen wie Männer.

In diesem Sinne wünsche ich eine spannende, unterhaltsame und inspirierende Lektüre.

Dr. Martina Münch
Ministerin für Wissenschaft, Forschung und Kultur des Landes Brandenburg

Vorwort

Im Sommer 2008 besuchte ich eine Bekannte, die mir zum Abschied ein Buch mit dem Titel *Frauen im Rheinland – Außergewöhnliche Biographien aus der Mitte Europas* schenkte. Im Herbst desselben Jahres entdeckte ich in einem bayerischen Buchladen den Band *Bayerns Töchter – Frauenportraits aus fünf Jahrhunderten.* Neugierig geworden, sah ich mich in Berliner Buchläden nach Veröffentlichungen über Brandenburger und Berliner Frauen um. Einen Sammelband wie im Rheinland oder in Bayern konnte ich nicht entdecken. Die Idee, Frauenporträts aus meiner Heimat zu sammeln und zu veröffentlichen, war geboren.

Im vorliegenden Band sind dreißig Porträts von Frauen versammelt, die fast alle aus dem Gebiet des heutigen Brandenburg, einschließlich Berlin, stammen oder für längere Zeit hier gelebt und gewirkt haben. Nur ausnahmsweise wird in Erinnerung daran, dass die Altmark und die Neumark Jahrhunderte lang zu Brandenburg gehörten, diese Begrenzung überschritten.

Die Biografien dieser Frauen aus fünf Jahrhunderten könnten unterschiedlicher nicht sein. Bekannte und bewusst auch weniger bekannte Namen gehören dazu, lebhaft erinnerte und fast vergessene. Mir ging es bei der Auswahl vor allem um die Vielfalt von Lebensläufen und -leistungen. Von der Kurfürstin Elisabeth bis zur Sozialministerin Regine Hildebrandt reicht die Reihe der Lebensbilder, zu der unter anderen auch die Hebamme Justine Siegmund, die Frauenrechtlerin Minna Cauer und die Flugpionierin Melli Beese gehören.

Auf manche dieser Namen stieß ich zufällig. Als Gründungsmitglied der Initiative „Dorfkirchensommer in Brandenburg“, die kulturelle Veranstaltungen in Dorfkirchen fördert, lernte ich viele brandenburgische Orte und Kirchen kennen – und in ihnen Spuren der Erinnerung, zum Beispiel in Marquardt/Potsdam an die Familie Ravené und damit auch an Therese von Kusserow, in Nennhausen an Caroline de la Motte Fouqué, in Linum an Luise Hensel, in Heiligengrabe an bedeutende Äbtissinnen, in Kunersdorf an Helene Charlotte von Friedland. Andere Namen wurden mir genannt von Freunden und Bekannten, von der evangelischen Frauenarbeit, oder ich fand sie in der Broschüre *Preußens Frauenzimmer.* Auch das *Brandenburgische Biographische Lexikon* leistete gute Dienste.

Alle Kurzbiografien lassen die politischen und gesellschaftlichen Verhältnisse erkennen, in denen sich die porträtierten Frauen zu bewähren hatten. Darum kann dieses Buch auch als eine Sammlung von interessanten Facetten der brandenburgischen Geschichte gelesen werden.

Es war dann eine schöne Erfahrung, für die einzelnen Biografien Autorinnen und Autoren zu finden. Alle ließen sich gerne ansprechen, und man merkt es den Beiträgen an, dass sie mit Einfühlungsvermögen geschrieben worden sind. Allen Autoren und Autorinnen danke ich herzlich. Mein Dank gilt auch Herrn André Förster vom Verlag für Berlin-Brandenburg, der zur Herausgabe dieses Buches ermutigt und seine Entstehung begleitet hat.

Als ich zu diesen Lebensbildern recherchierte und mich in sie vertiefte, kam mir ein Satz Maxie Wanders in den Sinn, der sich in ihren Tagebuchaufzeichnungen *Leben wär' eine prima Alternative* findet: „Eigentlich ist jede Frau interessant, wenn man die Kraft hat, sich mit ihr zu beschäftigen.“ Ich denke, dass die hier versammelten Porträts dieses Zitat bestätigen.

Antje Leschonski

Peter Freybe

Kurfürstin Elisabeth von Brandenburg (1485–1555)

Nach den Trümmern eines Krieges sind es immer wieder besonders die Frauen, die beim Wiederaufbau der Häuser und des Lebens aktiv werden. So ist es in der Geschichte vielfach für Aufbruchszeiten belegt. Die Reformationszeit ist in anderer Weise auch solch eine Aufbruchszeit. Es kommt neu in unser Bewusstsein, wie auffallend viele Frauen es waren, die mit ihrer Frömmigkeit die Neugestaltung von Lehre und

Elisabeth von Brandenburg, Teil eines Altars von Claus Berg, Sankt Knuds Kirke, Odense/Dänemark, um 1520

Leben der Kirche und des Landes mitbestimmt haben. Und es waren nicht nur die Frauen der Reformatoren, die sich eingemischt haben.

Es waren besonders auch Frauen von Fürsten und Machthabern, die das neue Leben maßgeblich mitgestaltet haben. So ist mit der Kurfürstin Elisabeth von Brandenburg an eine Frau zu erinnern, der der reformatorische Glaube so zu Herzen gegangen ist, dass sie auch öffentlich dafür eintreten musste. Und das haben Frauen in der Reformationszeit zusammen mit ihren Männern und neben ihnen und – wenn es wie hier sein musste – auch ohne sie oder sogar gegen sie gelebt und gewirkt. Der persönliche Glaubensaufbruch führte diese Frauen dazu, neben dem privaten Umfeld auch den politischen Verantwortungsbereich neu zu prägen und zu gestalten. Und eben das hat Elisabeth gegen lebensbedrohliche Bedrängnis, Entsagungen und Entbehrungen auf dem Grund ihres evangelischen Glaubens bis ins hohe Alter durchgestanden und durchgetragen.

Ende März 1528 erhielt der Nürnberger Prediger Wenzeslaus Link von seinem Freund Martin Luther aus Wittenberg einen Brief. Als Luther ihm vom Fortgang seiner Arbeiten berichtet hatte, fügte er seinem Brief folgende Nachricht hinzu: „Die Markgräfin ist mit Hilfe ihres Bruders, des Königs von Dänemark, von Berlin entflohen zu unserm Fürsten, weil der Markgraf beschlossen hatte, sie einmauern zu lassen wegen des Sacraments unter beiderlei Gestalt." Was war geschehen? Von ihrem Gewissen getrieben, beschloss die Kurfürstin Elisabeth, sich auch nach außen öffentlich zum evangelischen Glauben zu bekennen. Vor dem Osterfest 1527, als der Kurfürst auf Reisen war, ließ sie sich im Berliner Schloss von einem evangelischen Geistlichen das Heilige Abendmahl „unter beiderlei Gestalt" mit Brot und Wein reichen. Diese reformatorische Tat musste dann auch sehr schnell ihrem Mann, dem Kurfürsten Joachim I., zu Ohren gekommen sein. Den öffentlichen Skandal konnte er aber nicht ungeschehen machen.

Die Ehebeziehung der beiden war ohnehin schon auf das Äußerste belastet. Die festliche Hochzeit des achtzehnjährigen Joachim aus Brandenburg mit der um ein Jahr jüngeren Königstochter Elisabeth aus Dänemark am 10. April 1502 in Stendal lag lange zurück. Joachim hatte inzwischen die Tochter des Berliner Bürgermeisters Thomas von Blankenfeld, die mit einem angesehenen Bürger namens Hornung verheiratet war, zu sich genommen und deren Mann des Landes verwiesen. Martin Luther hatte aufgrund dieses Verhaltens des brandenburgischen Kurfürsten eine schonungslose und gerechte Klärung und Beurteilung verlangt. Lebenswandel und Glaubenszeugnis gerieten so in höchste Spannung zwischen Elisabeth und Joachim und erregten überall in der Mark großen Unwillen. Privates und Öffentlichkeit, Glauben und Leben ließen sich nicht mehr trennen. Wutentbrannt schmiedete Joachim Pläne und verlangte von Elisabeth die Rückkehr zur „reinen Lehre". Seine Ratgeber hielten ihn von einem Todesurteil oder einer Scheidung ab. „Der Kurfürst möge seine Gemahlin lieber auf ein Schloss setzen, ihr Essen und Trinken reichen lassen, aber sie eingesperrt halten." Schließlich versprach Joachim, bis Ostern 1528 stille zu halten – wenn sich Elisabeth wieder zur römischen Lehre bekehren würde.

Elisabeth war klar, dass sie am Hof nicht mehr bleiben und leben konnte. In der Nacht vom 24. zum 25. März, kurz nachdem der Kurfürst eine Besuchsreise nach Braunschweig angetreten hatte, verließ Elisabeth, verkleidet als eine Bäuerin und begleitet von ihrem Hoffräulein, Ursula von Zedwitz, heimlich das Berliner Schloss durch die Wasserpforte. Schon am 26. März traf Elisabeth in Torgau ein, wo sie von ihrem Onkel Johann von Sachsen, der in das Geheimnis der Flucht eingeweiht war, ehrenvoll empfangen wurde.

Ging es Joachim wohl eher um seine politische Machtstellung, so war es für Elisabeth eine Gewissensfrage um den wahrhaft rechten Glauben, um Gottes Ehre und der Seelen Seligkeit. Natürlich blieb diese Flucht vom Hofe ein unkalkuliertes Wagnis, ein Weg ins Ungewisse. Aber nun in der Nähe Wittenbergs und inmitten der lutherischen Lande mit dem lutherischen Kurfürsten Johann war der evangelische Glaube von der Freiheit eines Christenmenschen und der tragenden Gewissheit im Glauben die „Heimat in der Fremde" auf dem Schloss Lichtenburg nahe Torgau.

Die Sorge bekam neue Formen, als ihr Beschützer Johann der Beständige 1532 starb. Würde dessen lutherischer Nachfolger ihr auch diesen Schutz gewähren? In ihrer fast totalen Abhängigkeit von ihren dänischen und sächsischen Verwandten und Freunden wandte sich Elisabeth mehrere Male an die brandenburgischen Stände um Hilfe. In ergreifenden Briefen schilderte sie ihre Not. Zur Rechtfertigung ihrer Flucht betonte sie zugleich, „dass sie zur Rettung ihrer Ehre und Seele, ihres Leibes und ihres Gewissens genötigt gewesen wäre, sich aus der Mark Brandenburg zu entfernen". Der Kurfürst blieb trotz der Fürsprache der Landesstände unerbittlich gegenüber seiner Frau. Er hoffte, dass die Not sie gefügig machen und mit der Zeit veranlassen werde, sich seinem Willen bedingungslos zu unterwerfen. Nicht einmal seinen Söhnen erlaubte er, ihre Mutter zu besuchen oder ihr zu helfen. Seit diesem Ehedrama, das jahrelang die Öffentlichkeit beschäftigte, verhärtete sich Joachims Charakter immer mehr. Auch seine Abneigung gegen das Luthertum steigerte sich seitdem bis zur schroffen Feindseligkeit. Elisabeth aber fand Trost und Kraft in ihrem selbst gewählten Asyl in der Nähe Wittenbergs.

Wie es Elisabeth unter den Augen ihres Mannes in Berlin gelang, in die neue reformatorische Lehre eingeführt zu werden, sich das „reine Wort" auslegen zu lassen und den Entschluss zu fassen, das Abendmahl in beiderlei Gestalt zu feiern und mit Luthers Liedern zu singen, das ist in den Quellen nicht überliefert. Möglicherweise war ihr Leibarzt Matthäus Ratzenberger, ein Freund Luthers, auch ihr geistlicher Gesprächspartner.

Unter welchen Umständen die persönliche Begegnung mit Luther stattfand, ist nicht belegt. Jedenfalls zeugt der Briefwechsel Luthers mit Elisabeth von einer herzlichen und freundschaftlichen Beziehung. Martin Luther war ihr geistlicher Berater und Begleiter. Zu besonders engen Kontakten zu Luther und seiner Familie kam es seit August 1537, als Elisabeth während einer schweren Krankheit im Haus des Reformators, im alten Augustinerkloster, von Frau Käthe versorgt wurde. Luther betete um Geduld und wandte sich mit ungestümen Worten an Gott. Als über viele Wochen bei Elisabeth kein Zeichen einer Besserung zu erkennen war, lässt er unter dem 18. August 1537 aufschreiben: „Lass uns doch dir die Schlüssel nicht vor die Füße werfen, denn so wir zuletzt zornig über dich werden und dir deine Ehre (...) nicht geben, wo willst du denn bleiben? Ach, lieber Herr, wir sind dein, mach's, wie du willst, allein gib uns Geduld!" Dass Luther die ungeduldige kranke Elisabeth in der Lichtenburg besuchte und mit ihr das Abendmahl feierte, erfüllte sie mit großer Freude.

Nach dem Tode Joachims I. (1535) hätte es nahe gelegen, gleich nach Berlin zurückzukehren. Aber erst 1545 nahm Elisabeth Abschied von Sachsen. Ihr ältester Sohn Joachim II. hatte 1540 die Reformation im Kurfürstentum Brandenburg offiziell eingeführt. Seiner Mutter gewährte er nun in Spandau ihren Witwensitz. Dort scharte sie den Hofprediger und andere Geistliche um sich zum Gedankenaustausch um Glaubensfragen und zu regelmäßiger Bibellektüre und erfuhr im mutuum colloquium, im wechselseitigen Gespräch, den tröstlichen Zuspruch des Evangeliums.

1550 verfasste die Kurfürstin ihr Testament, ein Zeugnis unerschütterlichen Glaubens und der Zuversicht auf die Gnade und Barmherzigkeit Gottes. Sie dankt an erster Stelle ihrem dänischen Bruder Christian. Sie gedenkt ihrer Kinder und aller nahe stehenden Menschen, auch der Bediensteten. Ihre Gedanken sind beim Schicksal ihrer hinterlassenen Dienerinnen und Diener, besonders bei denen, die ihr aus Dänemark und Brandenburg gefolgt waren und sich „ehrlich und wohl" ihr gegenüber verhalten hatten.

Ihren Kindern konnte sie an weltlichen Gütern nichts hinterlassen. Die Fürsten sollen „ihre armen Untertanen in guter Gerechtigkeit und Barmherzigkeit regieren". Ihr Begräbnis wünscht sie sich ohne Gepränge „auf das einfältigste" mit reinen deutschen christlichen Gesängen: *Erbarm dich mein, oh Gott, Aus der Tiefe rufe ich zu dir, Mit Fried und Freud fahr ich dahin.* Es ist ein eindrückliches Zeugnis ihres unerschütterlichen Glaubens und der Fürsorge auch noch für die Hinterbliebenen. Am 11. Juni 1555 starb die Kurfürstin Elisabeth in der Dechanei des Berliner Doms. Hier schloss sie mit „einem feinen reinen christlichen Bekenntnis und sanfter Ruhe" für immer die Augen.

An die Kurfürstin Elisabeth von Brandenburg erinnert in Berlin noch heute das stattliche Denkmal Joachims II. vor der Spandauer Nikolai-Kirche. Eine der am Sockel angebrachten Bronzetafeln zeigt die Brüder Joachim und Johann zu Füßen ihrer Mutter, während sie ihnen biblische Geschichten erzählt. Auch in den Mosaiken der Turmruine der Kaiser-Wilhelm-Gedächtniskirche ist Elisabeth dargestellt. Hier erscheint sie zwischen Joachim und Johann inmitten der Mitglieder des Hauses Hohenzollern, die als Zeugen des Glaubens in der brandenburgischen Kirchengeschichte einen besonderen Platz einnehmen.

*Im Gedenken an Iselin Gundermann, 28. Mai 1935–21. Februar 2009, auf deren Forschungen ich mich dankbar beziehe.**

* Vgl. Iselin Gundermann: Kurfürstin Elisabeth von Brandenburg – Luthers Anhängerin am Berliner Hof, in: Wittenberger Sonntagsvorlesungen 2004 – Frauen fo(e)rdern Reformation, hg. vom Evangelischen Predigerseminar Lutherstadt Wittenberg/Peter Freybe.

Heinz Leschonski

Anna Götzens (1559–1617)

Ganz im Nordwesten Brandenburgs, am Rande der Prignitz und gerade noch diesseits der Elbe, liegt die Stadt Lenzen und in ihrer Mitte die Stadtpfarrkirche Sankt Katharinen. Wie in den meisten alten Kirchen findet man auch in dieser eine Reihe von Grabsteinen, von denen einer das Bild einer Frau trägt, die die Hände vor der Brust zusammengelegt hat und mit großen, ernsten Augen in den Raum blickt.

Grabstein von Anna Götzens, St.-Katharinen-Kirche, Lenzen

Es handelt sich bei dieser Darstellung, wie ein früherer Betrachter es formulierte, um „eine sehr schöne Sandsteinarbeit von peinlicher Accuratesse der Ausführung auch in der Gewandung und einer lebenstreuen Wiedergabe der Gesichtszüge". Wie die meisten anderen Grabsteine, die sich im Fußboden oder an den Wänden der Kirche befinden, wird auch die Grabplatte mit dem auffälligen Frauenporträt dorthin gekommen sein, als 1757 der früher um die Kirche gelegene Friedhof „aufgeräumt" wurde. Und damit hatte die Lenzener Gemeinde entschieden, dass auch dieser Frau dauerhaft gedacht werden soll.

Allerdings erklären die Inschriften auf dem schönen Epitaph diese Ehre noch nicht. Wir erfahren aber, dass das Bild „die erbare ehrn- und tugentreiche Anna Götzens" zeigt, „des ehrn- und achtbaren Andreae Griebens (...) eheliche Hausfraw", die Anno 1617, am Sonntag Sexagesimae, „im Herrn selig entschlafen" ist, „ihres Alters 57 Jahr". Demnach war ihr Todestag der 29. Januar, und sie wird 1559 geboren worden sein. Das war im Jahr nach dem großen Brand am 8. September 1558, als in Lenzen außer Kirche und Schule alles verbrannt sein soll. „Die Stadt muss wirtschaftlich hernach ganz darnieder gelegen haben", heißt es in einer Chronik. Sollte Anna Götzens in Lenzen aufgewachsen sein, würde sie schon als Kind schwierige Verhältnisse erlebt haben.

Weiter teilt der Text auf dem Grabstein mit, dass Anna Götzens verheiratet war, anscheinend aber nicht den Namen ihres Mannes angenommen hatte. Von diesem Andreas Grieben erfahren wir durch die Grabinschrift, dass er „Churf. Br. Gleidsmann" war. Diese eigentümliche Berufsbezeichnung meinte ursprünglich, so ein einschlägiges Lexikon, „eine obrigkeitliche Person, welche reisende im nahmen des gleidsherren geleitet oder doch das gleidsgeld von ihnen einnimmt". Von dieser Dienstbeschreibung war zur Zeit des Andreas Grieben allerdings nur noch die Geldeinnahme übrig geblieben. Man hat sich also einem Zoll- und Steuerbeamten vorzustellen, der den Warenverkehr um Lenzen, besonders den auf der Elbe, kontrollierte. Das erinnert beiläufig auch daran, dass Lenzen als Immediatstadt unmittelbar dem Kurfürsten zugeordnet war. Lenzen hatte sogar in der Finanzgeschichte des brandenburgischen Staates einen gewissen Namen und hohe Zollbedeutung. Und auch darauf deutet die Berufsangabe „Churf. Gleidsmann" hin, dass die ehrbare eheliche Hausfrau des Andreas Grieben, wie wir heute sagen würden, in gutbürgerlichen Verhältnissen gelebt haben wird. Dem entspricht auch die ausgesuchte Kleidung, die sie auf dem Reliefbild trägt. Aber mit alledem wird die herausragende Darstellung der Anna Götzens in der Kirche von Lenzen noch nicht begründet.

Die Bedeutung dieses Epitaphs erschließt sich erst durch eine Überlieferung, die in der Chronik der Stadt Lenzen von 1901 wie folgt festgehalten worden ist: „Nach alter Überlieferung soll diese Anna Grieben, geb. Götzens die Stifterin der so genannten ‚Bretzelsalve' sein, jener seit alten Zeiten hier für Lehrer und Schulkinder bestehenden kirchlichen Feier am Freitag vor Palmarum, bei welcher nach gemeinsamen Gesang und einer Ansprache des Geistlichen jedes Schulkind 3 Bretzeln und 2 Bogen Schreibpapier, jeder Lehrer 12 Bretzeln nebst 12 Bogen Papier erhält. Mit der Zeit ist diese ‚Bretzelsalve' zu einem kirchlichen Kinderfest geworden, an welchem auch die noch nicht schulpflichtigen Kinder gern teilnehmen. Der Konsum an Brezeln ist an diesem Tag ein ganz beträchtlicher."

Ein Kinderfest also. Die Brezeltante Anna, wie sie in der Überlieferung genannt wird, hatte ein Projekt ins Leben gerufen, das dann gut drei Jahrhunderte überdauerte. Das Bild in der Kirche zeigt sie als gewichtige Persönlichkeit mit einem klaren, ruhigen Blick, und man kann sich gut vorstellen, wie sie beharrlich Menschen für ihr Vorhaben gewonnen hat: Wie sie zuerst vielleicht mit den beiden Lehrern der Schule gesprochen hat, dann mit dem einen oder anderen Ratsherrn – denn Lenzen (Stadtrecht seit 1239) wurde seit jeher von einem Stadtrat verwaltet –, mit dem zuständigen Pfarrer, der ja eine Ansprache halten sollte, vor allem aber mit den örtlichen Bäckern, die schließlich möglichst günstig die Brezeln liefern sollten, sicher auch mit anderen Gewerken, mit Eltern und angesehenen Bürgern, denn es musste ja auch das nötige Geld zusammengebracht werden. Die Idee zu diesem Fest wird Anna Götzens von anderswoher gehabt haben. Denn in einigen deutschen Gegenden, besonders im Südwesten, gab es schon lange den Brauch der „Palmbrezel". So wurden etwa nach einer Prozession am Palmsonntag, dem letzten Sonntag vor Ostern, Brezeln an Kinder verschenkt – ein Vorgeschmack des bevorstehenden Endes der Fastenzeit und der Osterfreude. Und dies nun auch hier in der Prignitz: ein Fest der Hoffnung und des Vorgeschmacks einer guten Zukunft.

Es wird Anna Götzens nicht leicht gefallen sein, in Lenzen ein solches Fest zu etablieren. Denn die Lenzener Bürger waren von Erfahrungen geprägt, die einem öffentlichen Frohsinn eigentlich entgegenstanden. Nicht nur von dem großen Brand hat sich die Stadt nur mühsam erholt. Fast ein Jahrhundert lang wurde Lenzen immer wieder von der Pest überfallen, mit dem Höhepunkt der „Großen Pest" im Jahre 1566. Und noch dreißig Jahre später starben bei einer Epidemie etwa fünfhundert Menschen – und das bei einer Einwohnerzahl von etwa tausend vor dem Dreißigjährigen Krieg. Was die schulischen Verhältnisse betrifft, ist soviel bekannt, dass Lenzen noch vor dem Ende des sechzehnten Jahrhunderts zwei Lehrer hatte: einen Rektor und einen Gehilfen, der gleichzeitig Kantor an der Kirche war. Dass ihre Lebensweise eine höchst bescheidene sein musste, lässt die Bestimmung auf einer alten Urkunde erkennen: „De Scolmester un sien Geshell äten wekentlich twe mol mit den Ambtsscriber ut einen pott!" Zu ihrer dürftigen Ausstattung gehörte also auch diese Verpflichtung zum so genannten Reihentisch, und man kann sich gut vorstellen, dass für diese Lehrer das festliche Brezelgeschenk nicht nur eine nette Geste war.

Nun aber doch ein Fest! Und im Mittelpunkt stehen die Schulkinder, später sogar Kinder jeden Alters und ihre Lehrer. Die singen zunächst brav einen Choral mit und sind still bei der Festansprache. Dann aber kommen die Brezeln und für jeden zwei Bogen Schreibpapier. Ein gewiss nicht allzu üppiges Geschenk, aber doch genug, um zu erfahren, dass sie, die Kinder und ihre Lehrer, die wichtigsten sind an diesem Tag. Und mehr noch: Mit den Kindern steht ja die Hoffnung auf den Weitergang des Lebens im Mittelpunkt, ja das Versprechen von Zukunft überhaupt. Dass dies der Kern des Festes ist, dafür spricht auch seine Platzierung im christlichen Kalender: Freitag vor Palmarum, das sind neun Tage vor Ostern. Noch ist Passions- und Fastenzeit, die Leiden und Wunden, die Entbehrungen und Härten des Lebens sind noch gegenwärtig, aber Ostern kommt, das Fest des aus allen Tiefen geretteten Lebens.

Anna Götzens, Gründerin eines Hoffnungsfestes angesichts schlimmer Zeiten, steht in einer langen Kette von Menschen – und es sind ja vor allem Frauen –, die in unseren Dörfern und Städten Menschen zusammenbringen, Feste organisieren, sich für Projekte einsetzen und so den Alltag hoffnungsvoll gestalten. Auch daran erinnert zu Recht das schöne Bild einer Frau in der Kirche Sankt Katharinen zu Lenzen.

Rüdiger Freiherr von Schnurbein

Grete Minde (hingerichtet 1619)

Die Stadt Tangermünde beging im Jahr 2009 ihr tausendjähriges Jubiläum. Sie gedenkt aber auch ihrer Tochter Grete Minde – mit einem Denkmal, das in diesem Jahr am Ort ihrer Hinrichtung enthüllt, oder mit einer Oper, die im Zuge des Stadtjubiläums uraufgeführt worden ist. Überall in Tangermünde stößt man auf Grete Minde: Grete-Minde-Saal, Grete-Minde-Straße, Stadtführung zum Thema Grete Minde. Sogar eine Cocktailbar trägt den Namen dieser unglücklichen Tochter, die Theodor Fontane mit seiner gleichnamigen Novelle weithin bekannt gemacht hat.

Fontane erzählt die Geschichte einer jungen Frau, die aus Wut und

Denkmal für Grete Minde in Tangermünde, Bronzeplastik von Lutz Gaede, 2009

Verzweiflung über ihr Schicksal und das Unrecht, das ihr widerfahren ist, die Stadt Tangermünde anzündet. Grete wächst nach dem Tod ihrer Mutter als ungeliebtes Ziehkind bei ihrem Halbbruder Gert und dessen Frau Trud auf. Grete gilt als fremd, weil sie ihrer Mutter, die aus dem katholischen Spanien stammt, sehr ähnlich sieht. Als einziges Andenken an ihre Mutter, die sie nie kennen gelernt hat, besitzt Grete ein kleines Reliquiar mit einem Splitter vom Kreuze Christi, das sie um ihren Hals trägt. In der protestantischen Altmark erregt dies Anstoß, obwohl der Anhänger für Grete keinerlei religiöse Bewandtnis hat. Er ist lediglich eine Erinnerung an die unbekannte, aber völlig verklärte Mutter. Neben ihrem alternden Vater, der bei Fontane nur eine kleine Nebenrolle spielt, und ihrer „Ersatzmutter" Regine ist Grete vor allem dem Nachbarsjungen Valtin inniglich verbunden.

Was als Kinderfreundschaft beginnt, wird im Laufe der Erzählung zu Liebe. Trud neidet ihr diese Freundschaft, weil sie sich selbst danach sehnt, und versucht den Kontakt zu unterbinden. Das Verhältnis zu ihren Zieheltern verschlechtert sich, nachdem Gretes Vater gestorben ist und Trud einen lang ersehnten Sohn zur Welt gebracht hat. Nach einem heftigen Streit mit Trud flieht Grete gemeinsam mit Valtin aus der Stadt und schließt sich einer Theatergruppe an. Kurz nachdem Grete ein Kind geboren hat, wird Valtin krank und stirbt in einem Gasthof, in dem die Theatergruppe Quartier genommen hat. Auf dem Sterbebett nimmt Valtin seiner geliebten Grete das Versprechen ab, sie solle nach Hause zurückkehren und Gert um Vergebung bitten. Nur so könne das gemeinsame Kind in Anstand und Ehre groß werden. Zuerst aber möchte Grete ihren Geliebten ordentlich bestatten. Einem fahrenden Schauspieler, von dem niemand weiß, ob er ein guter Christ gewesen ist, möchte der örtliche Pfarrer kein Begräbnis in geweihter Erde gönnen. Bei der Domina von Jagow im schon etwas zerfallenen Kloster Arendsee findet Grete Gehör und kann ihren Valtin im Klostergarten begraben.

Gert verweigert aber jedes Mitleid, auch dann noch, als Grete sich vor seine Füße wirft und fleht, als Magd in ihrem Elternhaus arbeiten zu dürfen. So gedemütigt, verlangt Grete ihr Erbe, das ihr nach dem Tode ihrer Eltern zusteht. Als Gert ihr auch das ausschlägt, beschließt Grete vor dem Rat der Stadt ihr Recht einzuklagen. Auch hier scheitert Grete. In der folgenden Nacht entzündet sie ein Feuer in einem Schuppen, das rasch auf die ganze Stadt übergreift. In der Verwirrung, die der Brand unter der Bevölkerung ausgelöst hat, besteigt sie gemeinsam mit Gerts Sohn und ihrem eigenen Kind den Turm der Stephanskirche. Noch bevor der verängstigte Gert seinen Sohn retten kann, stürzt der Turm zusammen und begräbt Grete und die beiden Kinder unter sich.

Fontane lässt keinen Zweifel an Gretes Schuld aufkommen, seinen Lesern aber Mitleid für die Frau verspüren, die um ihres Kindes willen ihr Schicksal nicht akzeptieren will, aber an der Ungerechtigkeit der Gesellschaft scheitert. Dieses Thema findet sich häufiger in den Werken Fontanes, ist aber in *Grete Minde* sehr plakativ verarbeitet.

Die Handlung dieser Novelle hat Fontane in Tangermünde recherchiert. Es gab am 13. September 1617 einen großen Brand, der die Stadt weitgehend vernichtet hat. Es gab einen Erbschaftsprozess und auch eine Grete Minde, die wegen Brandstiftung hingerichtet wurde. Mit der tatsächlichen Grete hat Fontanes Hauptfigur allerdings wenig gemein, wie neuere Untersuchungen (Heiner Lück, Frank Riedel) zeigen. Die Familie von Minden zählte zu den angesehenen Tangermünder Geschlechtern, dem auch Grete entstammte. Zumindest hat sie behauptet, sie sei die Tochter des in Unehre gefallenen und in der Fremde gestorbenen Peter von Minden. Nachweisen ließ sich das allerdings nicht, und so kam es zu einem Prozess, in dem Grete ihr Erbe von ihrem Onkel einklagte. Offenbar hatte Hans von Minden, Gretes Großvater, hundert Taler beim Rat deponiert, von denen 1611 die Hälfte an Grete ausgezahlt wurde. Grete muss weitere Zahlungen gefordert haben. Es ist die Rede von dreihundert Talern als Anteil vom Hausrat, sowie von Land- und Immobilienbesitz. Inzwischen hatte Grete Antonius Meilahn geheiratet, einen Tunichtgut, der die Straßen unsicher machte und seinen Lebensunterhalt mit Raub verdiente. Nach der Trennung von ihrem Mann hielt sie sich als Kräuterfrau, Weissagerin und Bettlerin über Wasser – ein Lebenswandel, der Grete kaum als Mitglied der ehrbaren Patrizierfamilie empfahl, das Erbansprüche geltend machen konnte. Auf Betreiben der Mindes musste Grete die Stadt verlassen. Als Tangermünde – wegen der Tat eines Feuerteufels – in Flammen aufging, lag Grete mehrere Wochen bei einem Kuhhirten auf dem Krankenlager. Ihr Mann, mittlerweile als Räuber verhaftet, gestand unter der Folter seine Untaten, auch die Brandstiftung, und bezichtigte Grete, ihn sowie Merten Emmert und die Brüder Paul und Hans Horneburger angestiftet zu haben.

Obwohl der Kuhhirte und dessen Frau, die sie gepflegt hatten, sowie der Pfarrer und der Küster des Ortes Gretes Alibi bestätigten, wurde sie dem Folterknecht übergeben. Der Bürgermeister hatte ausgesagt, Grete am Abend des Brandes in seinem Haus gesehen zu haben. Unter der Folter gestand Grete ihre Schuld und wurde am 22. März 1619 auf dem Rathausplatz hingerichtet, gemeinsam mit ihrem Mann und dessen Weggefährten Merten Emmert. Wie im Richterspruch verkündet, wurden die Drei in einem Karren zur Richtstätte gefahren. Mit glühenden Zangen quälte man sie, zwickte ihnen Finger ab. Schließlich schmiedete man sie an Pfähle, entfachte ein Feuer und vollstreckte das Urteil durch „Schmöchen“. Sie starben also nicht den Feuertod, sondern erstickten an dem Qualm, den das entzündete feuchte Stroh freisetzte. Erst am Abend soll der Tod eingetreten sein.

Wer allerdings davon ausging, dass mit diesen Hinrichtungen auch die Brandstiftungen aufgehört hätten, irrte: Im März 1619 und ein Jahr später brannte es erneut. Man fand auch Brandbriefe, in denen der Stadt mit Feuer gedroht wurde. Erst nachdem der Tangermünder Stadtknecht Andreas Lütke, der Grete Minde in Möckern dingfest gemacht hatte, verhaftet worden war, hörten auch die Brände auf. Unter Folter gestand er, dass die Brüder Paul und Hans Horneburg wegen offener Schulden Tangermünde angezündet hätten. Er räumte auch seine Mittäterschaft beim Brand im März 1619 ein. Zwei Jahre später verbrannte man ihn, nachdem ihm die Schwurfinger, mit denen er seinen Amtseid abgelegt hatte, abgehackt worden waren.

Angesichts des Ausmaßes der Brandkatastrophe von 1617 – 78 Prozent aller Wohnhäuser der Stadt waren beschädigt oder zerstört – verwundert der Aufwand nicht, mit dem der Stadtrat den Brandstiftungsprozess betrieben hat: Die Kosten beliefen sich auf etwa fünf Prozent aller Ausgaben der Stadt im Jahr 1619. Darunter sind die Aufwendungen für Botengänge, Haft, Bewachung, Verpflegung, Aufwandsentschädigungen für Ratsmitglieder. Detailliert sind auch die Ausgaben für die Hinrichtung Grete Mindes und der beiden anderen aufgelistet: Kosten für Stroh und Teer, für die Brandpfähle, die Ketten und Krammen zum Fesseln der Verurteilten, für Kohle und Blasebälge, für den Lohn, den Gerichtsdiener, Scharfrichter und Geistliche erhalten haben, für die Henkersmahlzeit, für neue Hemden für die Verurteilten, insgesamt rund 54 Gulden, etwa elf Prozent der gesamten Kosten.

Trotz der neuen Erkenntnisse, die der Prozess schließlich noch erbrachte, blieb Grete Minde die Schuldige bis Ludolf Parisius auf die Widersprüche in den Prozessakten hinwies. In den *Bildern aus der Altmark* gelang ihm mit dem Kapitel *Grete Minde und die Feuersbrunst vom 13. September 1617 – Eine Ehrenrettung* die Rehabilitierung der Grete Minde, die er als Justizopfer bezeichnete. Es ist fraglich, ob man so weit gehen kann. Heiner Lück hat ausgeführt, dass der Prozess auf den damals geltenden Rechtsgrundlagen geführt worden ist. Trotzdem bleiben Fragen offen, die vermutlich nicht mehr geklärt werden können, etwa die Rolle des Bürgermeisters Peter Asseburg, der durch seine – offenkundig falsche – Aussage Gretes Schicksal besiegelt hat.

Jedenfalls hat Gretes grausiges Ende die Nachwelt beschäftigt, wie die Grete-Minde-Rezeption zeigt: In den unterschiedlichsten Genres – Musik, bildende Kunst, Literatur, Wissenschaft, Film – war und ist Grete Minde präsent.

Helga Bobey

Justine Siegmund (1636–1705)

„An Gottes Hilff und Seegen geschickten Hand bewegen ist all mein Tuhn gelegen.“ Dieses Credo steht über dem Lehrbuch *Die Chur-Brandenburgische Hoff-Wehe-Mutter – Ein höchst nöthiger Unterricht von schweren und unrecht-stehenden Geburthen.* Es erscheint 1690 als erstes von einer Hebamme geschriebenes Lehrbuch für Hebammen, genießt über ein Jahrhundert als Ratgeber und Lehrstoff hohes Ansehen und wird auch in Fremdsprachen übersetzt. Die Verfasserin ist Justine Siegmund, eine in ihrer Zeit außergewöhnliche Hebamme.

Justine Siegmund, Frontispiz in ihrem Hebammenlehrbuch, 1690

Justine wird am 26. Dezember 1636 als Tochter des evangelischen Pfarrers Elias Dittrich in Rohnstock in Schlesien geboren. Als Erwachsene, verheiratet mit dem Schreiber Siegmund, erlebt sie eine Scheinschwangerschaft. Diese wird nicht als solche erkannt und bereitet ihr zwei Wochen lang Qualen. Vier Hebammen sollen tagelang versucht haben, die damals Einundzwanzigjährige gebären zu lassen. Aus diesem persönlichen Erleben entwickelt sie ein nachhaltiges Interesse für Geburtshilfe mit dem Ziel, anderen Frauen ähnliche Schmerzen zu ersparen. Da es außer in Paris noch keine Hebammenschulen gibt, eignet sie sich autodidaktisch die nötigen Kenntnisse an. Jahrelang steht sie besonders Frauen auf dem Lande zur Seite, bis ihr Ruf weiter vordrang.

1683 (oder schon 1670?) erhält sie die Genehmigung zur Ausübung der Tätigkeit einer „Stadt-Wehemutter" (Amtshebamme) im niederschlesischen Liegnitz. Diese Genehmigung ist etwas Besonderes, denn die geltende Hebammenordnung schreibt vor, dass nur Frauen, die selbst geboren haben, als „Wehemütter" aktiv werden dürfen. Justine Siegmund, die auch Siegemundin genannt wird, genießt schon bald hohes Ansehen als Hebamme. Das spricht sich bis nach Berlin herum. 1688 wird sie als „Chur-Brandenburgische-Hof-Wehe-Mutter" an den kurfürstlichen Hof nach Cölln (Berlin) berufen. Für Brandenburg ist es ein besonderes Jahr: Im Mai stirbt Friedrich Wilhelm, der „Große Kurfürst", sein Sohn wird als Friedrich III. sein Nachfolger, und im August wird dessen erster Sohn geboren, der spätere preußische König Friedrich Wilhelm I. Seine Mutter ist die neue Kurfürstin Sophie Charlotte. Man kann sich gut vorstellen, dass die renommierte Wehemutter Siegmund im Blick auf diese Geburt an den Hof geholt wurde. Dort ist sie bis zu ihrem Tod tätig. Zwischenzeitlich wirkt sie auch an den Höfen in Holland und England.

Aufsehen erregt Justine Siegmund mit dem von ihr verfassten Lehrbuch für Hebammen. Es zählt zu den bedeutenden Dokumenten der Medizingeschichte. Die brandenburgische Kurfürstin Sophie Charlotte und die englische Königin Mary II. hatten sie darin unterstützt, ihr heil- und geburtshilfliches Wissen zu veröffentlichen. Bevor es in Druck geht, legt sie das Manuskript drei Hofpredigern und der Medizinischen Fakultät der Universität in Frankfurt/Oder zur Begutachtung vor. Wahrscheinlich wird es auch der Medizinprofessor und Rektor der Viadrina, Irenaeus Veter, gelesen haben, der über vierunddreißig Jahre dort lehrte. Aus Frankfurt erhält es 1689 durch Testat die wissenschaftliche Anerkennung. Diese hat dem Lehrbuch einen zusätzlichen Wert verliehen.

1690 erscheint das Buch, mit vollständigem Titel genannt:

Die Chur-Brandenburgische Hoff-Wehe-Mutter / das ist ein höchst-noetiger Unterricht / von schweren und unrecht stehenden Geburten, im Untertitel wird erläutert: *In einem Gespraech vorgestellet / wie nehmlich / durch Göttlichen Beystand eine wohl-unterrichtete und geuebte Wehe-Mutter / mit Verstand und geschickter Hand / dergleichen verhueten / oder wanns Noth ist / das Kind wenden koenne / Durch vieler Jahre Uebung / selbst erfahren und wahr befunden / Gott zu Ehren und dem Naechsten zu Nutz / Auch / auf Gnaedigst- und instaendiges Verlangen / Durchlauchtigst und vieler hohen Standes-Personen nebst Vorrede / Kupfer-Bilder und noethigem Register auf eigene Unkosten zum Druck befördert / Von Justinen Siegemundin / gebo-rener Dittrichen / von Rohnstock aus Schlesien im Jaurischen Fürsthenth. gelegen …*

Wie diesem Titel zu entnehmen ist, beruht das Buch nicht auf älteren Vorlagen, sondern ist das Ergebnis eigener langjähriger praktischer Tätigkeit. Es ist allgemein verständlich, in Dialogform geschrieben: Eine ältere Wehemutter unterhält sich mit ihrer Schülerin. Zum Abschluss erfolgt ein Repetitorium. Justine Siegmund beschreibt die Geschlechtsorgane, gynäkologische Operationen, den Gebärstuhl und das Geburtsbett. Sie gibt Auskunft über den Geburtsverlauf, über Komplikationen und deren Betreuung sowie über Techniken, mit denen eine schwierige Geburt zu einem guten Ende geführt werden kann. Eine besondere Technik hat sie selbst erfunden, den „gedoppelten Handgriff", auch „Siegemundin-Handgriff" genannt. Der gedoppelte Handgriff wurde dann angewendet, wenn das Kind quer oder schräg lag und die Fruchtblase bereits offen war. Das Kind wurde mit Hilfe von inneren Handgriffen und Bandschlingen so gedreht, dass es mit den Füßen zuerst geboren werden konnte. Vierzig teilweise ganzseitige Abbildungen, vermutlich nach eigenhändigen Vorlagen der Siegemundin in Kupfer gestochen, vervollkommnen die Ausführungen.

Ihr Buch dient auch Ärzten als Lehrstoff. Ärzte und Chirurgen hatten damals kaum die Möglichkeit, Erfahrungen in der Geburtshilfe zu sammeln, denn diese galt damals als Angelegenheit von Frauen. Weil sie im Verlauf ihres Berufslebens höchstens einige wenige komplizierte Geburten sahen, war ihr geburtshilfliches Können gering. Nötige Handgriffe mussten sie sich von Hebammen abschauen. Dem gegenüber standen seit dem sechzehnten Jahrhundert Hebammenverordnungen, in denen bestimmt wurde, dass sich eine Hebamme einem Arzt unterzuordnen hätte und ihn bei Komplikationen hinzuziehen müsste. In Brandenburg wurde 1685 die erste Medizinalordnung erlassen. Durch sie wurde unter anderem eine Examinierung der Hebammen eingeführt. Trotz solcher Regelungen war in Deutschland bis ins zwanzigste Jahrhundert hinein die Hebamme oft die einzige bei einer Geburt anwesende Expertin.

Die damaligen Ordnungen lassen auch ein spannungsvolles Verhältnis von Ärzten und Hebammen erkennen. So verwundert es nicht, dass sich auch Justine Siegmund gegen Angriffe von Ärzten sowie konkurrierenden Hebammen wehren musste. Ihr Lehrbuch findet ebenfalls nicht nur Zustimmung. Neider setzen ihr mit Gegenschriften zu. Sie wehrt sich fachkundig und geschickt. Ihr Können zeigt sie in der Praxis, auch bei zahlreichen pathologischen Geburten. Über ihre Einsätze führt sie Buch. Nach einem reichen Arbeitsleben stirbt sie am 10. November 1705 im Alter von achtundsechzig Jahren in Berlin. In der Predigt bei ihrer Beerdigung heißt es, dass sie in den dreißig Jahren ihres Berufslebens 6 199 Kindern ins Leben geholfen habe – zwanzig davon waren fürstlicher Abstammung.

Mit ihrem Erfahrungswissen wurde nicht immer fair umgegangen. Nach ihrem Tod übernahmen bekannte und unbekannte Autoren ihre Kupferstiche und die von ihr dargestellten Handgriffe und stellten sie als Errungenschaften der Chirurgie dar. Manchmal nannten sie nicht einmal die Verfasserin und ihr Werk. Doch selbst diese Art des Umgangs konnte nicht verhindern, dass Justine Siegmund, vor allem in Fachkreisen, bekannt blieb. Ihr Hebammenbuch reizt noch heute zur Diskussion. Justine Siegmunds Vermächtnis ist in der Vorrede ihres Buches zu finden und lautet: „(…) dies Buch, das lange wie in einer Geburt gesteckt (…) soll, weil ich keine Kinder zur Welt geboren, das seyn, was ich der Welt hinterlasse."

Manfred Richter

Anna Dorothea Therbusch (1721–1782)

Erstaunliche Nachrufe waren nach ihrem Tode zu lesen. „Am 9ten November 1782 starb in Berlin Frau Anna Dorothea Therbusch, geborne Lisewski, kurpfälz. Hofmalerin, Mitglied d. königl. Malerakademie zu Paris und d. k. k. Zeichnungen- und Kupferstecher = Akademie zu Wien wie auch des Instituts der freyen Künste zu Bologna, nach einem langwierigen und schmerzlichen Krankenlager im 61ten Jahr ihres Al-

Anna Dorothea Therbusch, Selbstbildnis, Öl auf Leinwand, 1777 ters an einer Auszehrung. Sie war aus Berlin gebürtig." So berichteten im folgenden Jahr die *Miscellanea artistischen Inhalts.*

Die so Ausgezeichnete und Erinnerte hatte ihre Grabstätte auf dem Berliner Dorotheenstädtischen Friedhof an der Chausseestraße erhalten. Das Grabmal hatte der Berliner Akademiedirektor Christian Bernhardt Rode entworfen. Dieses hat die Zerstörungen des letzten Weltkriegs überdauert, so dass dort noch immer die Worte zu lesen sind, die ihr Schüler und späterer Schwiegersohn Johann Christian Samuel Gohl ihr gewidmet hat:

Wer du auch seyst / Merke auf dies Denkmal / einer Frau / Die viel Maenner übertraf /
Die wenig Männer übertrafen / in der Kunst / Den sichtbaren Ausdruck / Der Menschheit
Treffend abzubilden / Die kein Mann übertraf / In maennlichem Bestreben /
Das unsichtbare Bild Jehovah / In sich selbst zu enthüllen / Deren letzter Atemzug /
Seliges Gefühl / Der Unsterblichkeit war / Heil Dir, wenn Du dies Ziel erreichst.

Der Dichter Johann Wilhelm Ludwig Gleim in Halberstadt, der Künstlerin in einem Freundeskreis verbunden, schreibt der mit ihr etwa altersgleichen Dichterin Anna Louisa Karsch: „Sie glauben nicht, wie sehr der Tod des herrlichen Weibes mir nachgegangen ist, des Weibes, welches verdiente, von ihrem Geschlecht verherrlicht zu werden (...)." Wie Gleim sogar einer Frau und Dichterin gegenüber offenbar gefahrlos Therbusch rühmen konnte, kann auch ihr bis heute weithin bekannter Kollege Daniel Chodowiecki sie würdigen. Dies sowohl in ihrer Malerei, von der er „die große Pracht und glänzendes, warmes Kolorit" lobt, wie als Mensch, dem er sein Mitgefühl nicht versagt: „Sie hat offt viel Geld verdient, offt keins gehabt, und ist in den schlechtesten Umständen gestorben, obgleich sie vor etliche Tausend Thaler Bestellungen unangefangen oder unfertig hinterlassen hatt." Und Gleim hatte sie sogar einmal ein „göttlich Weib" genannt, als er davon erzählte, wie sie statt einer zahlungsfähigen Persönlichkeit einen Betteljungen auf dessen Bitte hin malte. Der große Schadow würdigt sie noch über zwei Generationen später in seinem Alterswerk *Kunstwerke und Kunstansichten.* Schon ein Jahr nach ihrem Tode, 1783, war eine erste Biografie von Johann Georg Meusel erschienen. In jüngster Zeit widmete Katharina Küster ihr eine Dissertation.

Gewiss war eine Voraussetzung ihrer für eine Frau und dazu Künstlerin ungewöhnlichen Karriere die Familie, der sie entstammte. Wir befinden uns im Zeitalter höfischer Kultur und von Aufklärung und Rokoko. Der Vater, bürgerlich, war aus Olesko, Polen, gebürtig und gelangte 1692 in den Dienst des Berliner Hofarchitekten Eosander von Göthe (denken wir an seine Anteile am Charlottenburger und am Berliner Schloss). Er wurde am Berliner Hof zum Porträtmaler bei Friedrich I. Der hatte sich, bis dato Kurfürst, in Königsberg die Königskrone aufgesetzt. An seinem Hofe galt es Fürsten, beim Sohn Friedrich Wilhelm I., „Soldatenkönig“, dann auch Generäle und die „Langen Kerle“ zu porträtieren. Und Maler-Vater Gregor (Jerzy) Lisiewski (sein Grabmal wurde von Schadow gestaltet, in Nikolai) unterrichtete auch seine Kinder in der Malkunst. Noch erfreulicher – auch seine Töchter: die älteste, Anna Rosina (geb. wohl 1713, verehelichte Matthieu, in zweiter Ehe de Gasc); die zweite und mittlere der Kinder, Anna Dorothea (geb. 1721, verehelichte Therbusch); dazu noch die weitere Tochter Julie und den Sohn Christian Friedrich Reinhold (geb. 1725, mit ihm wird es in späteren Phasen gute Zusammenarbeit geben, auf einige Jahre hin in einem gemeinsamen Atelier Unter den Linden). Er bildete sie alle aus mit großem Erfolg. Am Anfang stand neben dem Vorbild des Vaters das Kopieren von Meistern wie Antoine Pesne oder Antoine Watteau an.

Anna Rosina, die schon mit kaum über zwanzig einen Ruf nach Dresden erhielt, schlug diesen aus. Sie malte früh für den Hof von Anhalt-Zerbst, so die Prinzessin Auguste, die spätere Zarin Katharina II., und wurde auch dorthin berufen: Für die Schönheitsgalerie im (leider kriegszerstörten) Schlosse Zerbst schuf sie vierzig weibliche Bildnisse. Später ging sie mit ihrem zweiten Mann, einem Freund Lessings, nach Braunschweig; seit 1766 war sie Hofmalerin. Im Ruhm überflügelt wurde sie durch die jüngere Schwester, Anna Dorothea. Deren künstlerische Laufbahn, zwar durch die jugendliche Ausbildung vorbereitet, begann erst nach der Phase der Eheschließung mit dem vielleicht auch teilweise malenden Gastwirt Ernst Friedrich Therbusch und nach dem Heranwachsen dreier Kinder. Nach 1760 erst vermochte sie sich wieder ganz der Malerei zuzuwenden.

Und während sie sich in Berlin schnell einen guten Ruf erwarb, zog es sie an den kulturell aufstrebenden Hof von Herzog Carl Eugen nach Stuttgart. Hier war ein abgebrannter Seitenflügel des Neuen Schlosses in kurzer Zeit neu herzustellen. Den Auftrag für achtzehn Gemälde mit allegorischen und mythologischen Themen in der Spiegelgalerie führte sie schnell zur vollen Zufriedenheit aus. Es trug ihr die Aufnahme als Ehrenmitglied in die erst im Jahr zuvor gegründete Stuttgarter *Académie des Arts* ein. Dazu kam noch während ihrer dortigen Zeit, sie war mit Arbeiten für das Lustschloss in Ludwigsburg befasst, die Aufnahme in das *Institut der freyen Künste zu Pologna* (Bologna). Schon aber strebte sie, 1763, an den ebenfalls kunstsinnigen Hof des kurpfälzischen Kurfürsten mit seiner aufstrebenden Kunststadt Mannheim. Ein Porträt des Herzogs Carl Theodor gefiel so sehr, dass sie zu Beginn des nächsten Jahres zur Hofmalerin ernannt wurde.

Kaum war sie nach Berlin zurückgekehrt, reiste sie 1765 noch einmal nach Stuttgart, um für Carl Eugen gearbeitete Mythologien und Porträts zu überbringen. Doch unternahm sie von hier aus gleich den nächsten, mutigen Schritt. Sie machte sich auf – über Hechingen und Mannheim – nach Paris. Man bedenke: als alleinstehende Frau. Es bleibt zu bemerken, dass sie schon die früheren Reisen weg von Berlin offenbar mit dem Einverständnis des Ehemanns unternommen hatte, jedoch in völliger Selbständigkeit. Und nun Paris, mit dem Gedanken, in die dortige, die führende Akademie aufgenommen zu werden.

Gewiss – sie hatte ein Empfehlungsschreiben des französischen Hofarchitekten Philippe de la Guèpière in Stuttgart bei sich, gerichtet an den Marquis de Marigny, den *Directeur des bâtiments du Roi.* Der gab es seinem Berater Charles Nicolas Cochin weiter. Dieser kannte und schätzte *die Berlinerin.* Jedoch gab es dort derzeit keinen preußischen Residenten, der ihre Bemühungen hätte unterstützen können. Dennoch erhielt sie so Unterkunft im Atelier des Bildhauers Etienne Maurice Falconet, der bald darauf nach St. Petersburg aufbrach, wo er zum gefeierten Bildhauerstar wurde. Und sie reichte zur Bewerbung um Aufnahme ein Bild ein. Ludwig XIV hatte in den Statuten die Aufnahme auch für Frauen als möglich festgelegt – wobei es nicht nach dem Geschlecht, nur nach der Qualität zu gehen habe. Also, *Mme Terbouche*, wie sie nun hier heißen wird, reicht eine Arbeit ein. Die Jury findet sie beachtlich, nur ein wenig deutsch-dunkel-rötlich („eben *école allemande*"). Und sie ist doch wohl nicht von der Hand einer

Frau gemalt? Eher von der des „Färbers“? Dieser Affront hätte wohl andere zurückschrecken lassen – nicht Anna Dorothea. Sie fertigte ein zweites Bild an und reichte es ein – ein Nachtstück mit einem Trinker: *Un homme, le verre à la main, éclairé d'un bougie.* Diese sehr ansprechende Arbeit – der Lichtschein erhellt Bluse und Haarband, die das im Halbdunkel verweilende Gesicht umgeben –, sie überzeugt: Es folgt ihre Aufnahme in die *Académie Royale de Peinture et Sculpture* und eine Ausstellung zweier Bilder im Pariser Salon 1767.

Eine eigenartige Begebenheit wird aus dieser Zeit berichtet, sogar von dem Beteiligten selber – Denis Diderot, dem Kunstpapst unter den Kritikern. Sie war im Begriff, sein Porträt zu malen und zeigte sich unzufrieden, dass der Hals nicht frei sichtbar war. Er bemerkte es und zog sich spontan zurück, um sich anschließend als Akt zu präsentieren – splitternackt, wie er selber bemerkt. Eben dieses Aktzeichnen und -malen war in der Akademie Männern vorbehalten – Frauen mussten davor geschützt bleiben. „Ich hätte es nicht gewagt, Ihnen das vorzuschlagen, aber Sie haben recht daran getan, und ich danke Ihnen“, reagierte sie souverän, so Diderots Bericht. Und er rühmt das Bild als weit überlegen dem anderen Porträt, das er zugleich mit diesem im Salon zeigte. Er hatte die beiden bewusst gegenüber gehängt, die Vorzüge von Therbuschs Porträt hervorzuheben. Doch auch für die Domäne der Männer, die Historienmalerei – die am höchsten geschätzte Gattung – gab sie immer wieder Belege.

Sie hatte auch Gönner in Paris wie den russischen Gesandten, den Fürsten Dmitri Alexejewitsch Golizyn. Doch ging ihr schnell das Geld aus. Sie verließ die Stadt im November 1768, um über Brüssel und Holland nach Berlin zurückzukehren. Zuvor hatte sie noch den bekannten Landschaftsmaler Jakob Philipp Hackert porträtiert. Diese frische und unkonventionell „moderne“ Arbeit hatte sie nach Wien eingesandt mit einer Bewerbung um Aufnahme in die *Akademie der Bildenden Künste.* Die erfolgte noch im selben Jahr. Nun hatte sie Ehrenkränze rundum eingesammelt – und dabei begann doch erst ihre besonders fruchtbare nächste Berliner Zeit. Sie wurde auch bei Friedrich II. geachtete Hofmalerin, zumal zur Ausstattung des Neuen Palais. Und sie war begehrte Porträtmalerin in Kreisen des Adels wie der gehobenen Bürgerschaft. Neben Einzelporträts malte sie auch solche von Familien und Freundesgruppen. „Alle Welt“ begehrte, von ihr porträtiert zu sein. Und auch aus St. Petersburg orderte man bei ihr (und ihrem Bruder)

Porträts der königlichen Familie. Ihre Selbstporträts aber durchzogen ihr ganzes Künstlerleben – in immer neuen Varianten der Selbstinszenierung. Eines befindet sich im Jagdschloss Grunewald. Selbstbewusst konnte sie ein anderes signieren mit *A. D. Therbusch née de Liszewska, peintre du Roi peint par Elle-mème.* Ein „sehr schönes Bild“, lobte der *Teutsche Merkur.* Ihr unvollendetes mit dem Monokel, durch das *sie uns* anblickt, in der Berliner Gemäldegalerie, ist ein berühmtes. Und eines der berühmtesten unter Künstler-Selbstporträts überhaupt.

Henrik Leschonski

Anna Louisa Karsch (1722–1791)

Ihre Briefe, die später eine größere Bekanntheit erlangten als die Gedichte, unterzeichnete sie häufig mit „Sappho". Und auch ein längeres Gedicht auf die größte Lyrikerin des Altertums ist erhalten. Sappho begleitete Anna Louisa Karsch zeit ihres Lebens als Vorbild und Idol, dem sie nacheiferte. Aber auch sonst gibt es zahlreiche Parallelen zwischen ihr und der griechischen Poetin. Beide dichteten zu bestimmten Anlässen, widmeten ihre Lieder bedeutenden Persönlichkeiten oder

Anna Louisa Karsch, Gemälde von Karl Christian Kehrer, 1791

Göttern, schufen Hochzeits- und Liebeslieder. Der Ton dieser Lieder war hymnisch und leidenschaftlich, was dem Zeitgeist widersprach. Und beide wurden für ihr Werk scharf angegriffen.

Anna Louisa Karsch war die erste preußische Dichterin, die es fertig brachte, allein von Auftragsarbeiten ihren Lebensunterhalt zu bestreiten. Unterstützung erhielt sie von namhaften Kritikern der Epoche, Friedrich Nicolai und Moses Mendelssohn, die der Autorin eine „blühende Einbildungskraft" bescheinigten und ihr eine erfolgreiche Zukunft ausmalten. Eine im achtzehnten Jahrhundert anerkannte Kapazität auf dem Gebiet der Ästhetik, Professor Sulzer, schrieb: „Es hat sich hier im Bereich des Geschmacks eine wunderbare Erscheinung gezeigt: eine Dichterin, die bloß die Natur gebildet hat und die, nur von den Musen gelehrt, große Dinge verspricht." Allein mit Hilfe der Musen und ohne entsprechende Beziehungen war eine Karriere als Liedermacherin und Poetin in der damaligen Zeit allerdings noch weniger möglich als heute. Zum Glück war die Karschin, wie man sie auch nannte, keine Einsiedlerin. Es gelang ihr, nicht nur Zugang zu den verschiedensten Kreisen zu finden, sondern auch potente und großherzige Gönner zu gewinnen. Sie verkehrte mit Dichtern und Gelehrten und war mit Handwerkern und Königen, Gastwirten, Professoren und Pastoren befreundet. Unter ihnen befand sich auch der junge Goethe, der gerade eben seinen *Werther* publiziert hatte. Er schrieb: „Schicken Sie mir doch auch manchmal was aus dem Stegreife, mir ist alles lieb und wert, was treu und stark aus dem Herzen kommt, mag's übrigens aussehen wie ein Igel oder Amor."

Dabei waren ihre Anfänge mühsam und beschwerlich. Und auch später, als sie schon längst die „deutsche Sappho" war, fürchtete sie das Gelächter des feineren Leserteils und das Achselzucken der Kunstrichter. In vier ausführlichen Briefen schildert sie bereits 1762 ihren Werdegang, der in einer Meierei zwischen Züllichau und Crossen nahe der polnischen Grenze begann. „Man hat bei meiner Wiege weder von Ahnen noch von Reichtümern gesungen", leitet sie den Bericht ein. Der Großvater und der Vater waren Bierbrauer, die Mutter „stammt aus besserem, aber stark im Abstieg begriffenen Haus". Von Anfang an stand ihr Leben unter keinem guten Stern. Gleich nach der Geburt hätte ihr die Mutter den Kuss versagt, angeblich wegen der finsteren Stirn. Auch später sei sie nie ihr Liebling gewesen und sich ihrer Fähigkeiten nicht bewusst geworden. Früh verliert sie den Vater, der auch Wirtshauspächter war. Ihr Leben ändert sich, als ein Onkel auftaucht, der die Familie nach dem Tod seiner Frau besucht. Dieser Onkel – die Karschin nennt ihn dem Sprachgebrauch der Zeit folgend „Oheim“ und widmet ihm ein langes Gedicht – erkundigt sich nach Erziehungsfortschritten und erfährt, dass „nichts in sie zu bringen“ sei. Schnell wird der Grund deutlich: Bei dem ständigen Lärm, der im Wirtshaus herrscht, ist ein Lernen unmöglich, und er macht den Vorschlag, Anna Louisa zu sich nach Polen zu nehmen. Gesagt, getan. In dem kleinen Provinznest Tirschtiegel (bei Posen), wo ihr Onkel Haus und Grund besitzt, blüht das Kind auf. Sie lernt dort in den folgenden Jahren Lesen, Schreiben und ein wenig Latein. In einem langen Gedicht wird sie sich an diese Zeit (1728–1732) erinnern und ihrem Oheim danken.

Die Mutter will jedoch von den Ambitionen der Tochter nichts wissen. „Sie kann lesen und schreiben, dies ist alles, was ein Mädchen wissen muss“, heißt es. Alle Einwände des Onkels scheinen in den Wind gesprochen. Anna soll im Haushalt helfen, auf ihren kleinen Stiefbruder aufpassen und die Rinder auf die Wiese treiben. Doch das Schicksal hat anderes im Sinn. Ausgerechnet beim Rinderhüten begegnet sie einem Jungen, der seinen Freunden aus Büchern vorliest. Von da an wird sie seine eifrigste Zuhörerin, was dem Stiefvater – die Mutter hatte wieder geheiratet, nicht gefällt. Das Kind ist gezwungen, heimlich zu lesen und versteckt seine Bücher unter einem Holunderstrauch im Garten: „Es fielen täglich Zänkereien vor und ich befand mich oft in Todesangst. Ach Gott, ich wusste nicht, dass in der Zukunft noch ganz andere Ungewitter auf mich warteten (...).“

Kurz darauf stirbt der Stiefvater und die Mutter, die selber krank war, muss sich allein um die Versorgung ihrer fünf Kinder kümmern. Wie gerufen kommt da ein junger Mann, der um die Hand der erst Sechzehnjährigen anhält und sie nach zwei Besuchen auch tatsächlich zur Frau nimmt. „Unsere Gemüter harmonierten schlecht“, berichtet die Karschin später. „Mein reiches schmelzendes Herz, meine Zärtlichkeiten und seine Begierde nach Reichtümern waren viel zu sehr verschieden, als dass eine Glückseligkeit in unserer Vereinigung möglich war.“ 1749 wird die Ehe geschieden. Über ihre unglücklichen Ehen heißt es resümierend in dem Gedicht *Belloisens Lebenslauf*:

Ward früh ins Ehejoch gespannet,
Trugs zweimal nacheinander schwer
Und hätte mich wohl nicht ermannet,
Wenns nicht den Musen eigen wär
Im Unglück und in bittern Stunden
Dem beizustehn, der ihre Huld
Vor der Geburt schon hat empfunden:
Sie gaben mir Mut und Geduld
Und lehreten mich Lieder dichten
Mit kleinen Kindern auf dem Schoß.
Bei Weib- und Magd- und Mutterpflichten
Bei manchem Kummer schwer und groß.

Das Lesen wird zur wichtigsten Nebenbeschäftigung. Der Hirtenknabe, den sie von früher kannte, versorgt sie mit Büchern; später nimmt seine Stelle ein ihr benachbarter junger Gelehrter ein, der eine größere Bibliothek besitzt. Während sie als Spinnerin arbeitet und geistliche Lieder singt, beschäftigte sie der Gedanke, selber zu dichten. Nur die Umstände lassen es noch nicht zu. 1749 schreibt sie ein Trauerlied auf einen gerade verstorbenen Wirt. Es wird weitergereicht, und ihr Name spricht sich wie ein Lauffeuer herum. Die Karschin kommt beim Publikum an, und schon bald gibt es neue Auftraggeber für weitere Lieder und Gedichte. Ein Rektor, der sie in sein Haus einlädt, ist so begeistert, dass er ihr Bücher schenkt, die später zum Grundstock ihrer Hausbibliothek werden. So wird das Versemachen allmählich zu ihrem Beruf. Und ihre Lebensumstände verbessern sich. Nur mit ihren Ehemännern hat sie kein Glück. Der zweite Mann, der sie ausbeutet und mit dem sie sich zerstritten hat, wird 1760 zur Armee eingezogen; nach einigen Briefwechseln bricht der Kontakt vollständig ab.

Als sie den Baron von Kottwitz kennenlernt, der sie bewundert und mit Geschenken überhäuft, wähnt sich die Karschin in einem Traum. Als dieser alleinstehende Adelige vorschlägt, für sie und ihre Kinder zu sorgen, nimmt sie das Angebot sofort an. Ab 1761 wohnt sie in Berlin und darf zum ersten Mal im Leben unter einer Daunendecke schlafen. Im gleichen Jahr sieht sie bei einem befreundeten Gelehrten das Bild eines Mannes an der Wand, der ihren weiteren Lebensweg entscheidend beeinflussen wird. Es stellt den zeitgenössischen Dichter Johann Ludwig Gleim dar, seinerzeit Sekretär im Dom zu Halberstadt.

Die Karsch ist hingerissen, verliebt sich auf der Stelle und schreibt schwärmerische Briefe, in denen sie Gleim auffordert, sie zu besuchen: „Bald, bald sollen Sie nach Berlin kommen, aber vermuten Sie keine schöne Sappho, nein, eine dichterische finstere Stirne, ein paar blaue wenig sprechende Augen und einen Mund, der nicht nach den Lippen der Grazien geformt ward, um geküsst zu werden: Sehen Sie mein ganzes Bild, doch mein Herz, da ist die Natur gütiger gewesen, dies ist ganz Gefühl, ganz Freundschaft, so wie es den Dichtern geziemt" (Brief vom 14. Mai 1761).

Und Gleim kommt. Noch im Mai 1761 besucht er die Karschin in Berlin. Beide machen lange gemeinsame Spaziergänge, und die Karsch schenkt ihm eine goldene Dose. Aber Gleim kann ihre Gefühle nicht erwidern. Und das Heiraten verabscheut er „wie der Teufel das Weihwasser". Die Beziehung zwischen der Karschin und dem – aus heutiger Sicht – weltfremden Ästheten bleibt darum, von den wenigen Treffen abgesehen, auf die überlieferte Korrespondenz beschränkt. An seinen Dichterfreund Johann Peter Uz schreibt Gleim über seine Beziehung zur Karschin ein Jahr später: „Den Roman kann ich Ihnen in zwei Zeilen erzählen. Ich sagte, als ich in Berlin im letzten Mai sie zum ersten Male sah, sie könnte eine deutsche Sappho sein (...); wir machten in unseren Gesellschaften uns alle kleinen Umstände zunutze, alle Arten von Affekten der Liebe bekam ihr Gesang (...); ich habe mit ihr gleichsam manche Versuche angestellt." Aber Gleim war es auch, der die Karschin als „Wunderfrau" gepriesen hat. 1764 gibt er ihre *Auserlesenen Gedichte* heraus, die auch ein finanzieller Erfolg sind. Trotzdem wird sie bis zum Lebensende von Gelegenheitsgedichten und Auftragsarbeiten abhängen.

Bei einer Audienz verspricht ihr Friedrich der Große ein Haus, macht sein Versprechen jedoch nicht wahr. Zwar erinnert sich der Alte Fritz gelegentlich an seine Verehrerin, aber er schickt nur zwei Taler, die postwendend mit folgendem kleinen Verschen retourniert werden:

Zwei Taler gibt kein großer König
Ein solch Geschenk vergrößert nicht mein Glück,
Nein, es erniedert mich ein wenig,
Drum geb ich sie zurück.

Jahre danach wird sie nach langem Mahnen und Bitten noch einmal drei Taler bekommen, die sie aber wieder mit einem Gedicht – diesmal ist es etwas länger – zurückschickt. Erst der Nachfolger Friedrichs II., Friedrich Wilhelm II., wird das versprochene Haus bauen, und zwei Jahre vor ihrem Tod kann die Karschin es dann endlich beziehen. Den letzten Lebensabschnitt verdüstern körperlicher Verfall und Krankheit, sowie immer heftigere Auseinandersetzungen mit der Tochter, Caroline von Klenke, mit der sie unter einem Dach lebt. Sie stirbt am 12. Oktober 1791 in ihrem Haus in Berlin.

Zehn Jahre später schreibt Gleim an die Tochter: „Dass wir unserer lieben seligen deutschen Sappho nicht sogleich nach ihrem Tode die Grabstelle mit einem kleinen Monument bezeichneten, das geht in meinen vielen schlaflosen Nächten mir in Kopf und Herz herum (…).“

Die Grabplatte der deutschen Sappho Anna Louisa Karsch befindet sich heute an der Außenmauer der Sophienkirche in Berlin-Mitte und trägt die Inschrift:

Kennst Du, Wandrer, sie nicht / So gehe und lerne sie kennen.

Simone Oelker

Helene Charlotte von Friedland (1754–1803)

„Es war eine seltene und ganz eminente Frau; ein Charakter durch und durch“, beschreibt Theodor Fontane in seinen Wanderungen durch die Mark Brandenburg Helene Charlotte von Lestwitz. Als Frau von Friedland wirkte sie auf ihren Gütern Kunersdorf und Friedland, Bollersdorf und Pritzhagen als Reformerin der Landwirtschaft und schuf zugleich einen „ländlichen Salon“.

Helene Charlotte von Friedland

Helene Charlotte von Lestwitz wurde am 18. November 1754 als einziges Kind der Familie Lestwitz in Breslau geboren. Ihr Vater, Hans Sigismund von Lestwitz, hatte durch seine militärischen Verdienste als Major im Siebenjährigen Krieg das Dorf Friedland im Oderbruch von König Friedrich II. übertragen bekommen. 1765 kaufte er das benachbarte Kunersdorf hinzu. Im Oderbruch verlebte Helene Charlotte von Lestwitz den größten Teil ihrer Kindheit. 1772 heiratete sie im Alter von siebzehn Jahren den königlichen Gesandten Adrian von Borcke, der damals am sächsischen Hof in Dresden preußischer Gesandter war. Obwohl sie bereits ein Kind von ihm erwartete, trennte sie sich noch im gleichen Jahr von ihrem Mann, der Ehebruch begangen hatte. Helene Charlotte kehrte auf das elterliche Gut zurück und brachte am 18. Juli 1772 ihre Tochter Henriette Charlotte von Borcke auf die Welt. Nach der Geburt reichte sie die Scheidung von Adrian von Borcke ein. In Preußen war nach dem geltenden Recht eine Scheidung bei einschlägigen Gründen möglich und konnte von beiden Seiten aus eingereicht werden. Die Ehe des Ehepaars von Borcke wurde geschieden und niemand für schuldig erklärt. Helene Charlotte von Borcke blieb auf Schloss Kunersdorf und erzog und unterrichtete dort ihre Tochter. Sie eignete sich in den folgenden Jahren umfassende Kenntnisse der Landwirtschaft, Botanik, Naturwissenschaften und der Kunst und Literatur an. Nach dem Tod ihres Vaters und der Mutter im Jahr 1788 legte sie mit königlicher Erlaubnis den angeheirateten Namen von Borcke ab und nannte sich fortan Helene Charlotte von Friedland. Das väterliche Familienwappen von Lestwitz führte sie weiter.

Als Frau von Friedland übernahm sie die Verwaltung der verschuldeten Dörfer Kunersdorf und Friedland. Über den Verkauf ihres Schmucks soll sie sich mit Grundkapital für die Umsetzung ihrer reformerischen Ziele versorgt haben. Sie verschaffte sich Anerkennung als kompetente Landwirtin, leidenschaftliche Botanikerin, Landschaftsgestalterin und erfolgreiche Unternehmerin. Von ihrem Gutsnachbarn, dem General von der Marwitz auf Friedersdorf, ist eine Beschreibung ihrer Schaffenskraft erhalten: „Das meiste in der Landwirtschaft (ungefähr alles, was ich nicht schon aus der Kindheit wusste und nachher aus der Erfahrung erwarb) habe ich von einer sehr merkwürdigen Frau in unserer Nachbarschaft gelernt, von einer Frau von Friedland. Wie ich sie kennenlernte (1802), war sie ungefähr zwölf Jahre im Besitz der Güter und führte alles mit beispielhafter Ausdauer und Geschick. Es waren sechs große Wirtschaften, die sie selbst leitete; Unterbeamte hatte sie keine anderen als Bauern, die sie selbst dazu gebildet hatte. Nicht nur war der Ackerbau im blühendsten Zustand, sondern sie hatte ihre Wälder aus sumpfigen Niederungen auf bisher öde Berge versetzt, diese Niederungen aber in Wiesen verwandelt, und so in allen Stücken. (...) Sie war aber nicht bloß eine Landwirtin, sondern eine höchst geistreiche und in allen Dingen unterrichtete Frau. Ich schulde ihr sehr viel; sie hatte mir, als ich Friedersdorf übernahm, die nötigen Wirtschaftsbeamten verschafft und die Rechnungsbücher einrichten lassen" (so zitiert bei Theodor Fontane, *Wanderungen ...*). Frau von Friedland war somit auch als Beraterin für angehende Landwirte tätig. Sie erwarb überdies den „Meisterbrief im Mühlengewerbe" und nahm 1794 die Prüfungen der Müllerburschen selbst vor.

Ihrem aufgeklärten Geist entsprach es, möglichst vielen Menschen Bildung zu ermöglichen: So bezahlte sie das Schulgeld für zehn Bauernkinder an der Stadtschule in Wriezen. Schloss Kunersdorf entwickelte sie zu einem „ländlichen Salon", dem „Kunersdorfer Musenhof", einem Treffpunkt und Ort des Austausches für kulturelle und landwirtschaftliche Themen. Neben Albrecht Daniel Thaer waren u. a. auch der einflussreiche Verleger Friedrich Nicolai und der angesehene Theologe Johann J. Spalding Gäste im Schloss. Später (1813) schrieb Adalbert von Chamisso hier seinen *Peter Schlemihl.*

Unterstützung fand sie bei ihrer Tochter, Henriette Charlotte von Borcke, und deren Mann, Peter Ludwig Alexander von Itzenplitz, einem Gutsbesitzer und Inhaber zahlreicher staatlicher Ämter. Die Hochzeitsreise der beiden im Jahr 1792 führte in die Niederlande und England und wurde zu einer „landwirtschaftlichen Studienreise", die Henriette Charlotte von Itzenplitz in einem Reisejournal zur englischen Landwirtschaft festhielt. Eine wichtige Quelle für die Arbeit der Frauen von Friedland waren die Schriften des Wegbereiters der rationellen Landwirtschaft, Daniel Albrecht Thaer. Sie studierten seine Publikationen zur Anwendung wissenschaftlicher Methoden in der Landwirtschaft, wie beispielsweise die *Einleitung zur Kenntnis der englischen Landwirtschaft* und die *Grundsätze der rationellen Landwirtschaft.* Ende des achtzehnten Jahrhunderts bereitete es der Landwirtschaft Probleme, dass der durch den Bevölkerungszuwachs angestiegene Getreidebedarf nach und nach zu einer Auszehrung der Böden führte. Durch die Studien Thaers kam es unter anderem zu einer Verbesserung der bis dahin üblichen Dreifelderwirtschaft durch die Einführung einer Fruchtwechselwirtschaft. Dabei werden halm- und fruchttragende Früchte im Wechsel angebaut; so kann der Auszehrung des Bodens vorgebeugt und zugleich zusätzliches Futter für das Stallvieh angebaut werden.

Einem regen Briefaustausch folgte 1799 der erste Besuch der Friedländischen Güter durch Albrecht Daniel Thaer. Seine Eindrücke hielt er in einem Brief an seine Frau Philippine Thaer fest: „Auf der Grenze ihrer Herrschaften kam uns Frau von Friedland, eine der merkwürdigsten Frauen, die je existiert haben, in vollem Trabe entgegen, sprang vom Pferde und setzte sich zu uns in den Wagen. Nun ging es in vollem Galopp über Dämme und Gräben hinweg. Wir fuhren vier volle Stunden von einem Ort zum andern. Fünf bis sechs Verwalter, Schreiber usw. waren immer neben und hinter dem Wagen und mussten bald eine Herde Kühe, bald eine Herde Schafe oder Schweine herbeiholen. (...) Heute von morgens um sechs Uhr bis abends zehn Uhr hat sie uns nicht fünf Minuten in Ruhe gelassen. Wir haben gewiss vier Spann Pferde müde gefahren. So etwas von Aktivität ist mir noch nie vorgekommen. Sie hat über ein Dutzend Verwalter, Schreiber und Meier und kennt dennoch jeden Gartenfleck, jeden Baum, jedes Pferd, jede Kuh und bemerkt jeden kleinen Fehler, der in der Bestellung vorgefallen ist, jede Lücke einer Hecke und jeden falsch gestellten Pflug“ (bei Fontane, siehe oben).

Es entstand ein intensiver Austausch zwischen Thaer und den Frauen von Friedland, die ihre Erkenntnisse auch schriftlich festhielten. Sie weigerten sich aber, unter ihrem Namen zu publizieren, weil wissenschaftliche Schriften von Frauen in dieser Zeit nicht akzeptiert wurden. Den Beitrag *Über die Verbesserung der Wiesen durch reinen Samen der vorzüglichsten Grasarten, und Anweisung, wie dieser zu gewinnen ist*, an dem Henriette Charlotte von Itzenplitz urheberrechtliche Anteile hat, veröffentlichte Thaer anonym in den *Annalen der Niedersächsischen Landwirthschaft*. Darüber hinaus sind die erhaltenen Briefwechsel zwischen Thaer und Frau von Itzenplitz, die mit langen Abhandlungen über landwirtschaftliche Themen versehen sind, der Beleg für Frau von Itzenplitz „verdeckte“ publizistische Tätigkeit.

Thaer, der als Bürgerlicher die vertrauensvolle Aufnahme in

Schloss Kunersdorf sehr zu schätzen wusste, schrieb über diesen Ort: „Kunersdorf ist fürstlich. Der Garten gehört zu den schönsten, die ich gesehen. Da sind Pflanzungen von amerikanischen Bäumen, die viertel Meilen an Umfang haben und die herrlichste Vegetation, da es an das fruchtbare Oderbruch grenzt. Überdem ein beträchtlicher botanischer Garten, der 1 800 Pflanzenarten enthält. In einem großen Saale ist ein unschätzbares Herbarium, welches aus vielem zusammengekauften und dem, was die Itzenplitzen in England gesammelt hat (!), zusammengesetzt ist. Dabei ist eine höchst vollständige botanische Bibliothek."

Die Biografie der Helene Charlotte von Friedland ist die einer ungewöhnlichen Frau, die geschieden, allein erziehend und als Alleinerbin das väterliche Gut übernahm und dann als Agrarpionierin des achtzehnten Jahrhunderts in Preußen wirkte. Sie starb am 23. Februar 1803 im Alter von achtundvierzig Jahren an den Folgen einer Lungenentzündung, die sie sich bei der Unterstützung eines nächtlichen Löscheinsatzes auf dem benachbarten Gut zugezogen hatte. Ihre Tochter führte zusammen mit ihrem Mann das Erbe der Mutter fort und verwaltete die Güter.

Auf dem Friedhof von Kunersdorf, unweit von Wriezen, kann man noch heute die imponierende Grabanlage der ehemaligen Gutsbesitzerfamilien von Lestwitz und von Itzenplitz besuchen. Die ersten beiden Gräber ließ Frau von Friedland 1789 für ihre Eltern von dem Berliner Hofbildhauer Johann Gottfried Schadow gestalten. Spätere Grabmale wurden u. a. von den namhaften Bildhauern Christian Friedrich Tieck und Christian Daniel Rauch geschaffen. Das dritte Grabmal trägt die Inschrift:

Dem thaetigen Geiste, der diese Fluren belebte, ordnete und nun schuetzt, Helenen Charlotten von Friedland, gebohrenen von Lestwitz. Geb. Breslau 18. Novb. 1754. Gest. Cunersdorf 23. Febr. 1803.

Barbara Gribnitz

Caroline de la Motte Fouqué (1774–1831)

„Die Königin ruhete am Abhange eines uralten Felsens. Über sie neigten sich lange Schatten, und spielten viel seltsame Spiele mit den beiden Kindern zu ihren Füßen, die schweigend den Schlaf der Mutter hüteten. Thiere und Pflanzen lauschten von fern, alles athmete in stiller geheimnißvoller Regung."

Caroline de la Motte Fouqué

So beginnt eines der drei Märchen in Caroline de la Motte Fouqués erster selbstständiger Veröffentlichung aus dem Jahr 1806. Sie debütierte damit im Kreis der hochromantischen Bewegung um August Wilhelm Schlegel, und fast genüsslich führte sie in ihren Märchen Personal und Inventar der romantischen Welt vor. Noch im gleichen Jahr erschien ihr erster Roman *Rodrich*, wenig später der zweite: *Die Frau des Falkenstein*; in den nächsten fünfundzwanzig Jahren folgten weitere zwanzig Romane, ungefähr sechzig Erzählungen sowie theoretische Abhandlungen und Kritiken. Caroline de la Motte Fouqué war eine äußerst produktive Schriftstellerin. Anerkennung fand sie bei ihren Kollegen jedoch eher als schöne, geistvolle und herrschende Frau. E. T. A. Hoffmann klassifizierte sie als „Hausfrau besser, als sich literarisch drucken lassend", und Karl August Varnhagen von Ense porträtierte sie mit Worten, die sein Schwanken zwischen Anziehung und Ablehnung verrät: „Sie selbst war weit mehr, als ihre Schriften (...). Groß und schön gewachsen, kräftig und ausdrucksvoll, in der Gesichtsbildung dem Apollo von Belvedere ähnlich, musste sie für eine herrliche Erscheinung gelten, der man gezwungen war, zu huldigen."

Schreibende Frauen waren seit dem Ende des achtzehnten Jahrhunderts keine Seltenheit mehr, doch galten für sie immer noch andere, wenngleich ungeschriebene Gesetze. Beispielsweise, dass Frauen nur ihr inneres Wesen, ihre Gefühlswelt, ihre Natur ausdrücken dürfen bzw. können und ja keine Charaktere psychologisch entwickeln, Verhältnisse analysieren oder Kenntnisse vermitteln. Und gerade dies war es, was die (männlichen) Kritiker an Caroline de la Motte Fouqués Werken bemängelten. Ein Rezensent meinte sogar, ihre Erzählung *Der Delphin* sei in einem Frauentaschenbuch fehl am Platze und fuhr fort: „Unsere Frauen müssen wohl einige Rückschritte aus der Ueberbildung und Ueberverfeinerung thun, zur Einfalt und Demuth, die sie so wohl kleidet, und eigentlich doch ihnen angeboren ist. Das Essen von der Frucht des Erkenntnißbaumes möchte wohl die Krankheit seyn, welcher, als einer Epidemie, zu steuern seyn dürfte" (*Journal für Literatur, Kunst, Luxus und Mode*, November 1816). Für uns heutige Leser und Leserinnen gehört gerade diese Erzählung zu den reizvollsten, nicht nur, weil sie in der Gestalt des Kapellmeisters Gottmund ein wundervolles Porträt E. T. A. Hoffmanns enthält: „Ich hatte schon lange mit neugieriger Verwunderung einen kleinen, fast subtilen Mann im braunen flatternden Rock äußerst beweglich zwischen den Redenden hingehen und ihrem Gespräche mit eingekniffenem Munde und verschlagen lachenden Augen zuhören sehen. Er hatte beide Hände in die Rocktaschen gesteckt, und schien dem sehr behenden Körper dadurch eine Art von Halt und Aplomb zu geben. Ganz unleugbar hörte er mit den Augen, wie er auch durch diese allein sprach. Mir war nie eine feinere, gemischtere Physiognomie vorgekommen. Er war nicht alt und nicht jung, doch spiegelte sich in dem Miniaturbilde ein ganzes Leben, eine ganze Welt voll Leidenschaften, Erfahrungen, ja ein gewisses Ergrauen des Daseins ab" (*Frauentaschenbuch auf das Jahr 1817*).

Caroline de la Motte Fouqué schrieb nicht allein aus Lust und innerem Drang, sondern auch zum Broterwerb. Viele ihrer Erzählungen sind wohl zur schnellen Veröffentlichung in Zeitschriften und Almanachen entstanden. Sie benötigte das Geld für den Unterhalt von Schloss und Gut Nennhausen. Nennhausen, östlich Rathenows gelegen, gehörte seit 1680 der Familie von Briest; 1780 übernahm Philipp August von Briest das Gut. Dort wuchs seine einzige Tochter Caroline auf, dorthin kehrte sie nach ihrer verunglückten ersten Ehe zurück, und dort lebte sie – unterbrochen durch Winteraufenthalte in Berlin – mit ihrem zweiten Mann Friedrich de la Motte Fouqué bis zu ihrem Tode 1831. Seit dem Tode ihrer Stiefmutter (1804) stand Caroline de la Motte Fouqué dem Haushalt vor. Neben der eigentlichen Familie, Caroline und Friedrich de la Motte Fouqué mit den vier Kindern (drei aus erster Ehe) und ihrem Vater sowie dessen Tochter aus zweiter Ehe, lebten noch die Verwandten der zweiten Frau von Briest, Mündel und Militärfreunde Briests sowie natürlich Gouvernanten und Hauslehrer auf Nennhausen, hinzu kamen zahlreiche Gäste, vor allem in den Sommermonaten. Kein Wunder also, dass die Tafelfreuden nicht so üppig ausfielen und Kartoffelsalat auf den Tisch kam, wie Wilhelm von Humboldt seiner Frau berichtete (Brief vom 24. November 1824). Nach dem Tode des Vaters (1821) führte sie im Namen ihres Sohnes dann allein das Gut, wofür sie ein königliches Darlehen aufnehmen musste.

Trotz und wegen dieser Verantwortlichkeiten fand Caroline de la Motte Fouqué täglich Zeit für das Schreiben. Ihre Schwiegertochter, Caroline von der Marwitz, erzählt in ihren Erinnerungen: „Meine Schwiegermutter versuchte sich bekanntlich auch, nicht ohne Glück und Anerkennung in dem Gebiete der Romane. Eine große Kenntnis des menschlichen, insbesondere des weiblichen Herzens, ein sehr erregbares Gefühl und lebhafte Phantasie, die darin ihren Ausdruck fanden, riefen namentlich im Familienkreise ein lebhaftes Interesse für diese Geistesbeschäftigung hervor, und es gab nichts Angenehmeres und Anregenderes, als wenn sie uns in den späten Abendstunden, wenn der größte Teil der Familienglieder bereits zur Ruhe gegangen war, mit dem lebendigsten Ausdruck dasjenige vorlas, was ihre Feder an dem Tage hervorgebracht hatte."

Außer den fiktiven Schicksalen ihrer zumeist weiblichen Romanhelden bewegte Caroline de la Motte Fouqué aber noch anderes: Sie wollte den Zeitgeist einer Epoche einfangen, bewahren und weitergeben, im Kleinen das Große sehen. Damit leistete sie auf dem Gebiet der Kulturgeschichte Pionierarbeit. So gab sie beispielsweise einen Teil des Briefwechsels ihres Vaters unter dem Titel *Blick auf Gesinnung und Streben in den Jahren 1776–1778* heraus: „Selbst diese einzelnen Stücke geben ein charakteristisches Bild einer Zeit, die der unsrigen in mancher Beziehung so unendlich ferne, in anderer wieder so nahe steht." Ihr kulturgeschichtliches Hauptwerk ist jedoch eine Geschichte der Moden, die in einer der meistgelesenen Zeitschriften, nämlich im *Morgenblatt für die gebildeten Stände*, vom Dezember 1829 bis Februar 1830 in Fortsetzung erschien. „Wer auf eine lange Reihe von Jahren zurücksehen kann, dem wird, neben dem Gange eigner Schicksale, noch so manches begegnen, was diese zum Theil erklärt, oder doch auf innern Zusammenhang und Verständigung hinweist. Es gibt in diesem Sinne nichts absolut Unwichtiges", beginnt Caroline de la Motte Fouqué, um dann Politik und Mode zusammenzuführen: „In Frankreich häuften sich so lange Greuel auf Greuel, bis die Leute doch am Ende ein Entsetzen vor sich selbst bekamen und nun beschlossen, gleichsam aus der alten Haut heraus, tausend Jahre rückwärts, der alten Welt anzugehören. (...) Kein schnellerer Wechsel lässt sich in dem Herkömmlichen denken, als der war, da man vom Abend zum Morgen die gefeierte Dame des Tages im griechischen Gewande, dicht unter der Brust gegürtet, dessen anschmiegsamer Faltenwurf weich herabfloss, die Arme bis über die Hälfte des Oberarms entblößt, das Haar nach dem Nacken herab in einen Knoten geschlungen, einer antiken Statue ähnlich, über den unklassischen Boden schreiten sah. Nichts von dem Gekrausten, Gekniffenen und Gebauschten des verflossenen Tages war geblieben."

Aber auch ihre literarischen Werke fingen den Zeitgeist ein. Lassen sich ihre Märchen und frühen Erzählungen noch in die romantische Tradition einordnen, so zeichnen sich vor allem die nach 1820 veröffentlichten Romane durch eine zunehmend realistische Erzählweise aus. Ihr letzter Roman erzählt in Briefform und aus unterschiedlichen Perspektiven die Geschichte einer Frau, die in *Resignation* endet: „Kann ich auch nicht denken, wie Andere es wollen, so lerne ich doch mit Andern leben, Manches errathen, schweigen und warten, bis es heller und heller wird."

Barbara Zibler

Eleonore Prochaska (1785–1813)

„Das tapferste Mädchen in Preußen! Sie war mein Kamerad", so lauten zwei Zeilen eines Gedichtes von Friedrich Förster. Wer war sie, wer war dieses Mädchen? Eleonore Prochaska hatte den Mut, für ihr Vaterland zu kämpfen. Als Mann verkleidet, nahm sie an den antinapoleonischen Befreiungskriegen teil und starb an einer Verwundung, die sie in der Schlacht an der Göhrde im September 1813 erhielt.

Eleonore Prochaska

Geboren wurde Maria Christiane Eleonore Prochaska am 11. März 1785 in Potsdam als Tochter von August und Eleonore Prochaska, geborene Hubert. Der Vater diente als Unteroffizier im 2. Bataillon Garde. Neben Potsdam tauchen als weitere Geburtsorte in der Literatur Böhmisch Rixdorf und Friedrichshagen auf. Beide Orte liegen im heutigen Berliner Stadtgebiet. In Friedrichshagen wohnte im damaligen Zeitraum ebenfalls eine Familie namens Prochaska.

Zum Zeitpunkt ihrer Geburt liegt das 2. Bataillon Garde aber in Potsdam in Garnison, und es war in aller Regel so, dass die Familien zusammen lebten. Im Jahr 1792, als Eleonore sieben Jahre alt ist, zieht der Vater in den Koalitionskrieg gegen Frankreich und kehrte wahrscheinlich erst um 1795/96 zurück. Obwohl beide Elternteile lebten, wurden Eleonore, ihr älterer Bruder und zwei jüngere Schwestern am 4. August 1794 in das Königliche große Militär-Waisenhaus in Potsdam aufgenommen. Vielleicht konnte die Mutter sich und die vier Kinder nicht mehr ernähren. Als Grund für die Aufnahme wird angegeben, dass sie die Kinder vernachlässigt habe. Im Königlichen Waisenhaus erhielten die Kinder eine evangelische Erziehung. Eleonore wurde im Jahr 1797 zu Michaelis (am 29. September) mit zwölf Jahren und sieben Monaten konfirmiert und dann ihrem Vater, der inzwischen nach Potsdam zurückgekehrt war, übergeben. Im Oktober 1797 kehrten auch der Bruder und die Schwester Karoline nach Hause zurück. Die jüngste Schwester war mit sieben Jahren im Waisenhaus verstorben. Der Vater hatte angegeben, „… dass er nunmehr in der Lage sei, seine Kinder selbst ernähren und erziehen zu können“. Neben seiner kleinen Militärpension, die der Vater nach seinem Ausscheiden aus dem Militärdienst erhielt, verdiente er Geld durch Musikunterricht. Noch nicht erwachsen, verloren Eleonore und ihre Geschwister die Mutter, und fortan führte sie als älteste Tochter den Haushalt, da der Vater zum Unterrichten fast den ganzen Tag über außer Haus sein musste. Sie erlernte bei ihrem Vater auch das Flötenspiel und das Trommeln.

Im Jahr 1810, mit fünfundzwanzig Jahren, ist sie als Küchenmädchen und Haushaltshilfe bei Hofbaurat Manger in der Brauerstraße 8, der heutigen Berliner Straße, angestellt. Aus dieser Zeit existiert eine Beschreibung ihrer Person: „Sie war von großer Gestalt, wohlgebaut und ganz angenehmer Physiognomie, trug nach damaliger Sitte (…) stets als Kopfbedeckung ein ihrem Stande nach sauberes Häubchen.“ Weiter wird ihr „sittlich anständiges Verhalten“ gerühmt und erwähnt, dass sie in ihren Mußestunden auf der Flöte spielte. In diesem Zeitraum begann sich gegen die drückende französische Fremdherrschaft eine nationale Befreiungsbewegung zu formieren. Aber erst als sich in Ostpreußen eine Landwehr bildete und sich Bürger und Bauern bewaffneten, konnte König Friedrich Wilhelm III. überzeugt werden, sich an die Spitze dieser mächtigen Volksbewegung zu stellen. Er unterzeichnete am 17. März 1813 den Aufruf *An mein Volk*, in dem er das Volk zu den Waffen rief und neben dem stehenden Heer die Bildung einer milizartigen Reservearmee sanktionierte. Von patriotischer Begeisterung erfüllt, meldeten sich die Männer des Landes, um als Freiwillige in den so genannten Jäger-Detachements zu dienen. Dabei handelte es sich um zeitweilig zusammengestellte Truppenteile aus verschiedenen Waffengattungen. Unter den 112 000 Männern, die die Landwehr bildeten, befanden sich unerkannt auch einige junge Frauen in Männerkleidung.

Die nationale Begeisterung hatte auch Eleonore Prochaska erfasst. Sie verließ Potsdam, kaufte sich eine Büchse, einen Hirschfänger und einen Tschako (militärische Kopfbedeckung in Form einer hohen Mütze) und begab sich offensichtlich nach Sandau bei Havelberg, um dem dort aufgestellten Lützowschen Freikorps als „Jäger August Renz" beizutreten. Über sie schrieb Leutnant Otto Preusse: „Wir standen in Sandau an der Elbe. Hier kam auch ein Jäger Renz zur Kompanie – wie sich später zeigte, ein Mädchen namens Prochaska. Er wurde Flügelmann, 3 Fuß, 8 Zoll, 3 Strich [dabei handelt es sich sicherlich um eine fehlerhafte Angabe, denn danach wäre sie nur 125 cm groß gewesen] hoch. Es wurden uns englische Schuhe geliefert, alle bedeutend zu groß für Renz, und ich musste besonders für ihn ein Paar arbeiten lassen. Seine Sprache war nicht besonders fein, so dass niemand in ihm ein Mädchen vermuten konnte. Übrigens kochte er vortrefflich in den Biwaks." So heißt es in einer Chronik.

In Havelberg erhielt sie ihre Ausbildung. Als ihr Bataillon im Juli auf dem Marsch nach Nauen war, schreibt sie einen Brief an den Bruder, der ihre patriotische Begeisterung unterstreicht:

Aus meinem ersten Biwak 1813.

Lieber Bruder, nun habe ich Dir etwas ganz Neues zu erzählen, worüber Du mir aber vorher versprechen musst, nicht böse zu sein. Ich bin seit vier Wochen schon Soldat! Erstaune nicht, aber schelte auch nicht; Du weißt, dass der Entschluss dazu schon seit Anfang des Krieges meine Brust beherrschte. Schon zwei Briefe von Freundinnen erhielt ich, welche mir vorwarfen, ich sei feige, da alles um mich her entschlossen ist, in diesem ehrenvollen Kriege mitzukämpfen. Da wurde mein Entschluss unumstößlich fest, ich war im Inneren meiner Seele überzeugt, keine schlechte oder leichtsinnige That zu begehen; denn sieh nur Spanien oder Tyrol, wie da die Weiber und Mädchen handelten! Ich verkaufte all mein Zeug, um mir erst eine anständige Manneskleidung zu kaufen, bis ich Montirung erhalte; dann kaufte ich mir eine Büchse für acht Thaler, Hirschfänger und Czako zusammen für 3 1/2 Thaler. Nun ging ich unter die schwarzen Jäger; meiner Klugheit kannst Du zutrauen, dass ich unerkannt bleibe. Ich habe nun noch die große Bitte, dass Du es Vater vorträgst, so vortheilhaft wie möglich für mich. Vater wird mir nicht böse sein, glaube ich; denn er erzählte ja selbst Skizzen von den Spanierinnen und Tyrolerinnen, wobei er meinen Entschluss deutlich auf meinem Gesicht lesen konnte. Ich habe aus Vorsicht meinen Namen geändert; wenn Du mir schreibst, so unterzeichne Dich mit meinem angenommenen Namen als mein Bruder; denn Du weißt, Briefe haben mancherlei Schicksale. Wir exerzieren, tiraillieren [in den französischen Revolutionskriegen entwickelte Taktik, bei der Infanteristen, „Tirailleure", in zerstreuter Ordnung kämpften] und schießen recht fleißig, woran ich sehr viel Vergnügen finde; ich treffe auf 150 Schritt die Scheibe. Lebe recht wohl, guter Bruder! Ehrenvoll oder nie siehst Du mich wieder. Grüße Vater und Karoline tausendmal, sage ihnen, versichere sie, dass mein Herz stets gut und edel bleiben wird, dass keine Zeit, Schicksal, oder Gelegenheit mich zu Grausamkeiten, oder bösen Handlungen verleiten und dass mein Herz stets treu und bieder für Euch schlägt. Mit ewiger Liebe Deine Leonora, genannt August Renz, freiwilliger Jäger bei dem Lützowschen Freikorps, im ersten Bataillon des Detachements.

Friedrich Förster, als Leutnant im 1. Bataillon der Lützower ihr militärischer Vorgesetzter und späterer Chronist der Befreiungskriege, schrieb über Eleonore Prochaska:

Nie wich er von meiner Seite,
Gefällig und behend;

Er verstand gut zu kochen, zu waschen.
Nun hat ich weiße Gamaschen
Und auch ein weißes Hemd.

Am 17. und 18. August 1813 hatte Eleonore Prochaska das erste Gefecht zu bestehen: Bei Lauenburg an der Elbe waren zwei Bataillone der Lützower auf französische Abteilungen gestoßen. Aus dieser Zeit stammt offensichtlich ein zweiter erhalten gebliebener Brief an den Bruder: „Ich bin zwar sehr müde, wir haben in fünf Tagen wohl an die dreißig Meilen zurückgelegt, und morgen früh um zwei Uhr marschieren wir schon weiter, aber trotz aller Müdigkeit will ich mich mit den Meinigen beschäftigen. (...) Das Datum weiß ich nicht, wir haben keine Kalender und man merkt gar nicht, wenn Sonntag ist. (...) Es ist mir noch immer geglückt, ganz unerkannt zu bleiben; kann ich nicht ein Quartier-Billet für mich allein bekommen, so ist gewöhnlich der kleine Arnold von fünfzehn Jahren mein Kamerad. Im Biwak habe ich mein Lager immer allein. Wegen meiner Stimme necken sie mich, da habe ich mich für einen Schneider ausgegeben, die können auch eine feine Stimme haben. (...) Komme ich nicht zurück, dann sage ich Dir in diesem Briefe das Lebewohl, dann, theurer guter Bruder, lebe ewig, ewig wohl. Ich kann vor Thränen nichts weiter sagen, als dass ich auch noch im Tode treu und ewig mit Liebe sein werde, Deine Dich ewig liebende Schwester Leonore gen. August Renz."

Bis zum denkwürdigen Gefecht in der Göhrde unweit von Dannenberg im Lüneburgischen am 16. September 1813, bei dem selbst Lützow schwer verwundet worden ist, hat Eleonore Prochaska sicherlich noch an weiteren Kriegsunternehmungen ihres Bataillons teilgenommen. In ihrem letzten Gefecht nahm sie die Trommel eines gefallenen französischen Soldaten auf, „(...) und wirbelte mit großem Geschick darauf herum. – ‚Du verstehst aber auch Alles!', rief ein Anderer ihm zu – ‚Du schneiderst, kochst und wäschst, singst und schießest, wie keiner es besser versteht und nun bist Du auch noch ein Tambour!' – ‚Ein Potsdamer Soldatenkind muss sich auf alles verstehen!', sagte Renz und trommelte lustig weiter, so dass die kleine Schar, welche ihm folgte, als ob wir Soldaten spielten, bald auf fünfzig bis siebzig Mann anwuchs. – So waren wir lustiger Dinge über die ebene Heide bis zum Fuße der vor uns liegenden Hügelkette marschiert, als wir da droben Kanonen auffahren, abprotzen und ein heftiges Feuer auf die sich zurückziehende Cavallerie eröffnen sahen. ‚Nun hört aller Spaß auf!' – rief unser Trommelschläger und schlug den Sturmmarsch. Von einem Commando, oder Erwägung dessen, was zu thun sei, war nicht die Rede. Mit wüthendem Hurrageschrei drangen wir in ungeordneten Haufen, mit Büchsen, Wenige nur mit Bayonettgewehr, den Hügel hinan" – so eine Schilderung in der Zeitschrift *Der Soldatenfreund* von 1865/66.

Hier, so beschreibt Friedrich Förster den Fortgang des Gefechts „(…) erfuhr ich zum Erstenmale die furchtbare Wirkung einer vollen Kartätschenladung in einen dichtgeschlossenen Haufen auf etwa 150 Schritt Entfernung. Das stürzte, sprengte, stob und flog auseinander, Jammergeschrei und Hurrah übertönten und übertäubten eins das andere, aber mein tapferer Renz schritt noch immer voran und schlug Sturm auf seiner Trommel. (…) Da traf ein zweiter Schuß seinen zerschmetternden Hagel in unsre Reihen, unser tapferer Trommelschläger stürzte neben mir, krampfhaft hielt er den Zipfel meines Überrocks fest und rief mit jammervoller Stimme: ‚Herr Lieutnant, ich bin ein Mädchen!'" Das Gefecht geht weiter, das Geschütz auf dem Hügel wird genommen, und im Jubel darüber wird sich Förster des gehörten Satzes bewusst. Eleonore Prochaska hat eine Kartätschenkugel den Schenkel zerschmettert. Sie wird vom Schlachtfeld aus nach Dannenberg in ein Bürgerhaus gebracht, wo sie an den Folgen ihrer Verletzungen unter großen Schmerzen am 5. Oktober 1813 stirbt. Am 7. Oktober wird sie in Dannenberg auf dem St. Annen-Friedhof mit hohen militärischen Ehren zu Grabe getragen.

Eleonore Prochaska ist nicht vergessen, an sie erinnern zwei Denkmale, eins in Dannenberg, 1863 errichtet, und das zweite in Potsdam aus dem Jahre 1889. Ebenfalls im Jahr 1863 wird die „Prochaska-Stiftung" zum Zweck der Fürsorge für Kriegsveteranen und deren Witwen und Waisen gegründet. In Gedichten von Friedrich Förster und Friedrich Rückert wird ihre Tat gerühmt.

Eva Zeller

Luise Hensel (1798–1876)

Fährt man auf der Autobahn aus Rostock kommend Richtung Berlin, sieht man plötzlich linkerhand eine reich gegliederte Kirchenfassade mit abgetrepptem Giebel und einem imposanten sattelbedachten Turm; wenn man zur richtigen Jahreszeit kommt und Glück hat, obendrauf ein großes rundes Storchennest. Dort liegt Linum, das Storchendorf. Und Linum, der Geburtsort von Luise Hensel. Zu ihrem zweihundertsten Geburtstag, am 30. März 1998, hat man eine Gedenktafel für

Luise Hensel, Zeichnung von Wilhelm Hensel

sie an der Kirche eingeweiht. Wer war Luise Hensel? So muss man heute wohl fragen. Fragt man hingegen, ob das Lied *Müde bin ich, geh zur Ruh* bekannt ist, werden die meisten nicken; ja, das singen die Mütter noch immer ihren Kindern als Abendlied. Luise Hensel hat ihr Gedicht *Nachtgebet* genannt; gedichtet hat sie es im Jahre 1816. Zu diesem Zeitpunkt war sie achtzehn Jahre alt. Es ist eins unter vielen Poemen, die sie Zeit ihres Lebens schrieb; und es ist das einzige bekannt gewordene, in viele Sprachen übersetzte.

Ein Jahr vor Luisens Geburt hatte sich ihr Vater, der evangelische Pastor Hensel, von Trebbin nach Linum versetzen lassen. Die Tochter hat ihren Vater als gütig und nachsichtig in Erinnerung. Umso härter traf es sie, als der Vater 1809 plötzlich starb. Ein Jahr zuvor hatte sie den Bruder Ludwig verloren, und nicht lange vorher die vierjährige Schwester Marie. Das Sterben in der Familie fand zu Hause statt, und die Gräber lagen auf dem nahen Friedhof neben dem Pfarrhaus. Zweifellos trugen diese frühen Erfahrungen dazu bei, dass Luise die Unbehaustheit und Endlichkeit der menschlichen Existenz immer vor Augen hatte. Nach Ablauf des Witwenjahres siedelte die Familie nach Berlin über, denn Luises Mutter, Johanna Albertine, geborene Trost, war die Tochter eines preußischen Kriegsrats in Berlin. Sie war eine gebildete, belesene Frau, in deren Bücherschrank die Werke von Klopstock, Gellert, E. Th. A. Hoffmann, Chamisso und der Geschwister Brentano standen.

Luise besuchte nach dem Elementarunterricht in Linum eine Realschule in Berlin. Gymnasien waren seinerzeit für Mädchen noch unzugänglich. Dabei war Luise eine wahre Musterschülerin. Nach ihrer Schulzeit und Konfirmation wurde die junge Luise von den sich überstürzenden politischen Ereignissen überrollt. Die Kriegserklärung an Frankreich und die mächtige Bewegung zur Befreiung Preußens lösten in der Familie Hensel patriotische Begeisterung aus. Der Sohn und Bruder Wilhelm, der nach dem Tod des Vaters das Familienoberhaupt geworden war, nahm als Freiwilliger an der Völkerschlacht bei Leipzig teil und kehrte unversehrt zurück. Der Freiheitsdichter Theodor Körner aber, von allen bewundert und verehrt, fiel am 26. August 1813; ihm widmete Luise eins ihrer ersten vaterländischen Gedichte.

In der Folgezeit allerdings werden Luisens Verse mehr und mehr kirchenliedähnlich. Da alle ihre Gedichte gewissenhaft von ihrer Hand mit Jahreszahlen gekennzeichnet sind, ist abzulesen, wann sie sie geschrieben hat. Als Zwanzigjährige, also 1818, verfasste sie das Poem *Blick nach innen*, u. a. mit folgenden Versen:

Wieder ruf' ich dich mit Weinen,
Komm, o komm, du treuer Hirt!
Unter Dornen, unter Steinen
Hat dein Lämmlein sich verirrt.

O, du bist ja voll Erbarmen,
Guter Hirt, erbarme dich!
Trage mich auf deinen Armen, Milder Arzt, und heile mich!

(...)

Und doch sollte tiefe Reue
Lebenslang mein Bußkleid sein,
Und es sollten Lieb' und Treue
Ewig dir zur Braut mich weihn.

(...)

Der Blick nach innen und *die tiefe Reue lebenslang* könnten als Motto über dem Leben der jungen Luise Hensel stehen und mehr noch über ihren späteren Jahren. Durch ihren Bruder Wilhelm, der bald ein angesehener und gefragter Kunstmaler in Berlin war, wurde Luise in die literarisch-künstlerischen Zirkel eingeführt, lernte Fouqué kennen, Chamisso, dessen *Peter Schlemihl* sie bewunderte, Ludwig Tieck, Achim und Bettina von Arnim und Clemens Brentano. Brentano, der seine geliebte Frau Sophie Mereau nach nur dreijähriger Ehe verloren hatte, glaubte in der hübschen, sanften Luise nach diversen Enttäuschungen und der kurzen Verbindung mit Augusta Busmann, endlich die ersehnte Frau und Geliebte gefunden zu haben. Es begann eine hochgespannte, gefühlsselige Liebesgeschichte zwischen Clemens und Luise, die aber niemals zu Intimitäten führte, weil Luise sich dagegen verwehrte. Stattdessen tauschte man gemütvolle, pathetische Briefe aus. Luise schickte ihm handgeschriebene geistliche Lieder wie *Untreue, Reue, neue Treue*:

Ich habe einen Liebsten funden
Derselb' ist nicht von dieser Welt,
Dem hab' ich einzig mich verbunden,
Ihm treu zu sein in allen Stunden;
Er ist's, der mir allein gefällt.

(...)

O wär' ich doch mit dir gegangen,
Du treuer Hirt, mit Dir allein!
Ein andrer wies mir Glanz und Spangen;
O weh! Die goldnen Ketten schlangen
So fest sich um das Herze mein

(...)

Da sah ich meinen Heiland stehen,
Er war so ernst und war so mild;
Ich musste immer nach ihm sehen:
Mein Herze wollte fast vergehen
Und war mit Lieb' und Leid erfüllt.

Uns modernen Menschen fällt es schwer, das Lebensgefühl der Romantik nachzuvollziehen, das ganz auf Empfindsamkeit, Irrationalität, Subjektivität und mystisches Innewerden gestimmt war. Das Gemüt triumphierte über die Rationalität, die Fantasie über die Realität. Freilich hat gerade auch diese Zeit der Romantik bedeutende Dichter hervorgebracht: Tieck, Chamisso, Clemens Brentano und in der Spätromantik Eichendorff und Mörike und allen voran Goethe, dessen Werther Wirkungen zeigte wie kaum ein zweites Buch in der deutschen Geistesgeschichte.

Hier den Namen Luise Hensel nennen zu wollen, wäre unangemessen. Zwar haben wohlwollende Leser ihrer Verse sie im Nachhinein mit Matthias Claudius verglichen oder gar mit der Droste und deren *Geistlichem Jahr*. Luise selbst hat sich in keiner Weise überschätzt. Einen „geistlichen Blumenstrauß" nannte sie ihre Gedichte, eine „Blütenlese". Halt etwas für den Hausgebrauch. Was ihr fehlte, war die künstlerische Ironie, diese überlegen spielerische Handhabung der Sprache, die gerade die Romantiker sich als aufklärerisches Element bewahrt hatten. Bestenfalls trafen manche ihrer Verse einen volksliedhaft-schlichten Ton.

Im Herbst 1817 nahm Luise eine erste Stelle als Erzieherin an, und zwar im Haus des Barons von Werther. Frau von Werther, eine fromme Katholikin, stellte ihr ihren Beichtvater, Probst Taube, vor, einen Geistlichen, der entscheidend dazu beitrug, dass die Protestantin und Pastorentochter sich dazu entschloss, zu konvertieren. Im protestantisch-preußischen Berlin und der nüchterneren, nur dem Wort verpflichteten evangelischen Kirche fand eine so sentimentalische, melodramatische Natur nicht das, was sie suchte. Das fand sie eher in den Schriften des Mystikers Jakob Böhme und in den wunderbaren Berichten über die stigmatisierte Augustinernonne Anna Katharina Emmerich in Dülmen. Dorthin war Brentano gereist, den Luise gebeten hatte, ihr genau seine Eindrücke zu schildern. In einem dieser Briefe aus Dülmen schrieb Brentano ihr auch, dass seine Liebe zu ihr keine weltliche Lust sei, ihm genüge es nur, sie anzuschauen, ihr zu danken und ihre herzinnigen Verse zu lesen.

Diese herzinnigen Verse lesen sich nicht nur für uns heute holprig und befremdlich, weil sie so rührend um fromme, ja frömmelnde Aussagen bemüht sind. „Die Waage für Wortgedichte im Ohr“, wie Oskar Loerke es später genannt hat, fehlte Luise Hensel meistens. Es muss noch einmal betont werden, dass sie sich nach eigener Aussage auch nicht als Dichterin verstand. Zumal ihr Umzug von Berlin nach Westfalen, wo sie in verschiedenen Häusern als Erzieherin tätig war, trug dazu bei, dass sie mehr und mehr missionarische Pläne verfolgte. 1844 wallfahrt sie nach Trier, wo der Heilige Rock Christi ausgestellt war. Für sie, die naiv Gläubige, war dieser Anblick eine Vergewisserung ihres Weges, der sie so weit von ihren Ursprüngen weggeführt hatte. Leidenschaftlich um Harmonie bemüht, hat Luise dennoch eine unverbrüchliche Zuneigung zu ihren Geschwistern bewahrt, die wiederum tolerant der Schwester gegenüber waren.

Nur in einem einzigen frühen Gedicht ist Luise Hensel der schlichte innige Volksliedton gelungen. Schnörkellos, unpathetisch, tänzelnd kommen diese Verse daher. Felix Mendelssohn-Bartholdy, dessen Schwester Fanny mit Luises Bruder Wilhelm verheiratet war, hat das Gedicht vertont. In viele Sprachen übersetzt wird das Nachtgebet noch heute gesungen und gereicht seiner Schöpferin zur Ehre:

Müde bin ich, geh' zur Ruh';
Schließe beide Äuglein zu;
Vater, lass die Augen dein
Über meinem Bette sein.

Hab' ich Unrecht heut' getan,
Sieh es, lieber Gott, nicht an!
Deine Gnad' und Jesu Blut
Macht ja allen Schaden gut.

Alle, die mir sind verwandt,
Gott, lass ruhn in deiner Hand!
Alle Menschen, groß und klein,
Sollen dir befohlen sein.

Kranken Herzen sende Ruh',
Nasse Augen schließe zu;
Lass den Mond am Himmel stehn
Und die stille Welt besehn!

Frank Hohn

Clara Hoffbauer (1830–1909)

Clara Ottilie Alexandrine Emilie Becker wird als eines von acht Geschwistern am 30. April 1830 in die bessere Berliner Gesellschaft hineingeboren. Sie erinnert sich später oft, wie sie als junges Mädchen von ihren Eltern ausgeführt wurde, auf Hofbällen tanzte oder in die Königliche Oper ging. Ihr Vater, der Kommerzienrat Becker, ist ein

Clara Hoffbauer

geachteter Berliner Bürger und von 1851 bis 1868 Stadtverordneter. Die zukünftige Stifterin erlebt einschneidende politische Umbrüche und Entwicklungen: In Clara Beckers Kindertage fällt die Eröffnung der ersten Eisenbahn zwischen Potsdam und Berlin, und von ihrem Elternhaus im Herzen der Hauptstadt aus erlebt das junge Mädchen die Revolution von 1848. Zwei Jahre später heiratet sie Hermann Hoffbauer und das Ehepaar zieht in die zweite Etage des Hauses in die Berliner Königstraße. Ihre Silberhochzeit feiern die Hoffbauers im neu gegründeten Deutschen Reich.

Im Juni 1870 ziehen Hermann und Clara Hoffbauer nach Potsdam, in eine auf dem Gebiet der ehemaligen Augustinschen Badeanstalt gebaute Villa. Eine bunte Mischung von geachteten Bürgern der Zeit findet sich in der als „Havelhaus" bezeichneten Villa zu angeregten Gesprächen ein, die immer wieder auch um die zahlreichen in der Villa ausgestellten Kunstgegenstände kreisen oder um die vielen Reisen des Ehepaars in ferne Länder, von denen die mitgebrachten Erinnerungsstücke zeugen. Auch Theodor Fontane ist Gast bei den Hoffbauers und berichtet in seinem Tagebuch: „(...) Die Gesellschaft [im Havelhaus, Anm. d. Verf.] verlief sehr angenehm, größtenteils durch die Gewandtheit und Liebenswürdigkeit der Wirthe."

Die Ehe der Hoffbauers bleibt kinderlos, so dass die Eheleute in den 1870er-Jahren beginnen, sich Gedanken über die Verwendung ihres Vermögens zu machen und die Einrichtung einer evangelischen Stiftung planen. Im Alter von fünfundsechzig Jahren verstirbt im Jahr 1884 Hermann Hoffbauer. Clara Hoffbauer tritt die Erbschaft ihres Mannes an, die sich auf 3 813 177 Mark beläuft. Es ist erstaunlich, wie selbstbewusst und hartnäckig sie sofort den Steuerbehörden entgegentritt und um ihre Anteile an der Firma ihres Mannes kämpft. Gleichzeitig treibt sie die Entwicklung der geplanten Stiftung voran. Clara Hoffbauer erwirbt im Jahr 1889 von dem Königlichen Eisenbahnfiskus einen Teil der Halbinsel Tornow bei Potsdam zum Zweck der Errichtung von Stiftungsgebäuden. Der erste Spatenstich erfolgt am 10. Juni 1891, am 29. Juni werden die Grundsteine für den Bau des Verwaltungsgebäudes und der drei ersten Kinderhäuser gelegt. Ein erstes Stiftungsstatut aus dem Jahr 1891 regelt das Leben der neu entstandenen evangelischen Einrichtung auf dem Tornow, die den Namen „Hoffbauersche Stiftungen" führt. Diese umfassen eine Anstalt für die evangelische Bildung weiblicher Waisen aus den gebildeten Ständen, insbesondere dem

Mittelstand, ein Krankenhaus mit einem großen Garten und andere, der Ausbildung der Diakonissen oder Gesundheitszwecken dienende Nebenanstalten, die in späterer Zeit entstehen sollen.

Die Stiftung wächst kontinuierlich. Sie nimmt ungeahnte Ausmaße an, und für Clara Hoffbauer stellt sich die Frage nach ihrer sachgemäßen Leitung und Beaufsichtigung. Seit 1889 hat sie den Wunsch, für ihre Stiftung ein eigenes von ihr geprägtes Kuratorium zu bilden. Die Überlegungen der Witwe erfolgen auch angesichts ihres ständig anwachsenden Vermögens, das ihren Aktivitäten eine neue Dimension verleiht. Im Jahr 1872, als das wechselseitige Testament aufgesetzt wurde, betrug das Vermögen nicht einmal ein Viertel, im Jahr 1878 nicht die Hälfte seines Bestands im Jahr 1899.

Am 15. Mai 1901 genehmigt Kaiser Wilhelm II. die Hoffbauer-Stiftung und erkennt sie als eine milde Stiftung an. Der Vorsitzende des Kuratoriums wird vom König ernannt. Auf allerhöchsten Erlass wird dies der Geheime Medizinalrat an der Berliner Universität, Prof. Ernst von Bergmann. Der Chirurg von Bergmann, seit 1882 Direktor der chirurgischen Universitätsklinik in Berlin, ist seit Jahren ein enger Mitstreiter an Clara Hoffbauers Werk und spielt eine besondere Rolle bei der endgültigen Ausgestaltung der Stiftung.

Am 30. Juni 1901, dem Geburtstag Hermann Hoffbauers, wird die Stiftung eingeweiht. Vertreter der Kirche, des Hofes und der Potsdamer Regierung sowie des Landkreises Zauch-Belzig haben sich in der Vorhalle des Krankenhauses versammelt, in der eine Büste Hermann Hoffbauers steht. Ernst von Bergmann verliest die Stiftungsurkunde und gibt bekannt, dass Clara Hoffbauer die Stiftung mit einem Grundkapital von sechs Millionen Mark ausgestattet hat, dessen jährliche Zinsen – 210 000 Mark – für die Unterhaltung und den weiteren Aufbau der Stiftung eingesetzt werden sollen.

Bis zu ihrem Lebensende kämpft die alte Dame um ihre Stiftung und deren Vermögen – häufig an mehreren Fronten gleichzeitig. Denn neben die Auseinandersetzungen um die rechtliche Selbstständigkeit ihrer Stiftung treten noch die Streitigkeiten mit den Beckerschen Erben um ihre Rechte an einer Teppichfabrik, die ihr Vater, der Kommerzienrat Becker gegründet und später auch ihr Mann betrieben hatte. Angesichts der manifesten Krise der 1890er-Jahre eskalieren die Auseinandersetzungen. Und als auf der Konferenz sämtlicher Geschäftsteilhaber der Firma im Dezember 1908 die Sozien von Clara Hoffbauer schlicht eine Million für das bankrotte Unternehmen fordern, unterschreibt diese zum ersten Mal den Jahresabschluss nicht. Unmittelbar nach ihrer Rückkehr nach Potsdam wird sie krank und stirbt am 28. Februar 1909.

Wer war diese Frau, der es in jahrelangen und zähen Kämpfen gelang, das gemeinsame Erbe nicht nur gegen fremde Ansprüche zu verteidigen, sondern selbstbewusst auch eigene Vorstellungen umzusetzen? Clara Hoffbauer war, davon zeugen alle Berichte, keine unkomplizierte Frau, sondern wohl eher das, was man eine „starke Persönlichkeit" nennt, die fest im christlichen Glauben wurzelte. Großzügig und sparsam zugleich soll sie gewesen sein. Zurückhaltend, fast schüchtern und dann wieder selbstbewusst bis herrschsüchtig. In ihren eigenen Bedürfnissen war sie sparsam. Selten benutzte die Millionärin eine Mietdroschke, um zu ihrer Teppichfabrik in Berlin oder zur Bank zu fahren.

Hatte sie aber die Notwendigkeit einer größeren Investition für die Stiftung eingesehen, zögerte sie nicht, ihre Einwilligung auch bei Ausgaben von Zehntausenden zu geben. Selten hat sie sich in der Öffentlichkeit gezeigt. Selbst als der Kaiser Hermannswerder besuchte, soll sie nicht in Erscheinung getreten sein. Wichtig waren ihr die Feste der Stiftung und der Kontakt zu den Mädchen. Bei kleineren und größeren Gelegenheiten stattete Clara Hoffbauer ihrer Insel einen Besuch ab, immer voller Dankbarkeit „dass man so gut zu ihr ist". Und immer war sie voller Sorge um die Kinder. Das großartige Werk der Stifterin sollte nicht darüber hinwegtäuschen, dass die Witwe in ihrer geräumigen Villa zwischen der Kaserne des ersten Garderegiments und der Havel sehr einsam gewesen sein muss und vielleicht deshalb nicht nur umso dankbarer für die ihr entgegengebrachten Freundlichkeiten, sondern auch besonders misstrauisch und manchmal eigensinnig gegenüber Neuem war. Die Unwilligkeit von einer einmal gefassten Meinung abzuweichen, führte auch zu häufigen Dissonanzen mit den Verantwortlichen der Stiftung.

Der Nachfolger Ernst von Bergmanns in der Leitung des Krankenhauses erinnert sich mit Humor des ersten Zusammentreffens mit Clara Hoffbauer: Als Ernst von Bergmann im März 1902 im Havelhaus seinen langjährigen Assistenten Wolff als neuen Klinikchef vorstellte, trafen die beiden Männer nicht etwa auf freundliches Interesse, sondern auf das geballte Misstrauen der „Alten im Havelhaus", die dem

Neuankömmling nicht nur äußerst kühl und reserviert gegenübertrat, sondern den kaum Dreißigjährigen mit der Frage brüskierte: „Sie, junger Mann, trauen sich das schon zu?“ Glücklich war Clara Hoffbauer darüber, mit ihrem Werk helfen zu können! Selbstlos ließ sie ihr Geld nicht den eigenen Bedürfnissen, sondern der Stiftung zukommen. Ihre Herzensgüte im Umgang mit den Mädchen und Kranken auf Hermannswerder gingen einher mit einem manchmal harten und schroffen Umgangston.

Als die Stiftung im Juni 1901 eingeweiht wurde, waren auf Hermannswerder folgende Gebäude errichtet: ein Krankenhaus, ein Verwaltungsgebäude, ein Maschinen- und Pförtnerhaus, Wasserturm, Kapelle, Gutshof mit Wohnhaus, ein Eiskeller, vor allem aber sechs Waisenhäuser und ein Schulgebäude mit einer Turnhalle. Später wurde ein weiteres Seminargebäude gebaut, das schon 1907 zu klein schien. Clara Hoffbauer entschloss sich zum Bau eines großen Schulhauses. Zu Ostern 1909 wurde dieser „nach allen Richtungen der Hygiene“ und mit viel Komfort eingerichtete Bau eingeweiht. Die Stifterin selbst konnte die Eröffnung jedoch nicht mehr miterleben. Mit der Einweihung der Neuen Schule, des heutigen Evangelischen Gymnasiums, wurde der Grundstein für eine evangelische Bildungseinrichtung gelegt, die in einhundert Jahren im Wechsel von Monarchie, Demokratien und Diktaturen Tausenden junger Menschen ein einzigartiges Lernumfeld auf der Insel Hermannswerder schenkte. Die Verantwortlichen der Hoffbauer-Stiftung erinnern sich auch heute noch dankbar an diese ungewöhnliche Frau. Ihr Wirken wird auch zukünftig die maßgebliche Grundlage des Stiftungshandelns bleiben und das evangelische Profil der Hoffbauer-Bildungseinrichtungen bestimmen.

Marianne Usko-Meißner

Minna Cauer (1841–1922)

Es herrscht dicke Luft im Pfarrhaus. Der Herr Pfarrer ist fuchsteufelswild, obgleich ein Herr Pfarrer eigentlich nicht fuchsteufelswild sein sollte. Die Kirchenleitung hat wieder einmal gegen eine verbriefte Zuständigkeit seiner Gemeinde entschieden. „Wo bleibt hier das Recht?", fragt er. Seine kleine Tochter Wilhelmine, genannt Minna, versteht eigentlich nicht, worum es geht, aber wenn der geliebte Vater ein Recht fordert, das ihm zusteht, dann hat er auch das Recht, fuchsteufelswild

Minna Cauer, ca. 1875

zu sein, wenn man es ihm verweigert. Die Frage nach dem Recht wird Minnas weiteres Leben beherrschen, vor allem die Frage nach dem Recht der Frauen. Aber es war nicht nur der aufmüpfige und daher mit der Kirchenleitung des Öfteren im Clinch liegende Pfarrer Alexander Schelle aus dem märkischen Freyenstein, der seine 1841 geborene Tochter Wilhelmine Theodore Marie gelehrt hat, ihr Recht zu fordern. Es gab einen weiteren wichtigen Mann in ihrem Leben, der sie zu kritischem Denken, zum politischen Handeln und Streiten anhielt. Ihr zweiter Ehemann, der spätere Stadtschulrat von Berlin, Eduard Cauer, trug ebenfalls dazu bei, eine der radikalsten deutschen Frauenrechtlerinnen des neunzehnten Jahrhunderts zu formen. Und es erscheint folgerichtig – und gerecht –, dass sich ihr erbitterter Kampf für die Frauen nicht gegen die Männer als solche, sondern nur gegen eine vom Manne allein beherrschte Welt richtete.

Doch zunächst verläuft ihr Leben in den für die Zeit üblichen Bahnen. Sie wird „Haustochter" und heiratet im Alter von einundzwanzig Jahren den Meyenburger Arzt August Latzel, der physisch und körperlich krank aus dem Krieg mit Dänemark zurückkehrt. Ein Jahr nach der Hochzeit wird ihr Sohn geboren, der jedoch im Alter von zwei Jahren an Diphtherie stirbt. Ein Jahr später stirbt auch ihr Mann. Minna hat im Schnellgang alle Leiden eines Ehefrauenlebens absolviert. Von jetzt an beginnt sie, ihr Schicksal in die eigene Hand zu nehmen. Sie geht nach Berlin und beginnt eine einjährige Ausbildung als Lehrerin. Und sie begibt sich als alleinstehende Frau nach Paris, was sich eigentlich nicht schickt, und unterrichtet in einem Privathaushalt. Ein erster Schritt in die Internationalität. Als sie nach einem Jahr zurückkehrt, lehrt sie an einer Mädchenschule in Hamm, wo sie den achtzehn Jahre älteren Lehrer Eduard Cauer, Witwer mit fünf Kindern, kennen lernt. Sie heiraten 1869 in der Freyensteiner Kirche. Nach vier Jahren wird Cauer Stadtschulrat in Berlin, und das Paar befindet sich jetzt im Zentrum des gesellschaftlichen und politischen Lebens.

Politisches Leben, politisches Denken, dafür hat Cauer das Interesse seiner Frau entzündet. Er wollte nicht, wie die meisten seiner Geschlechtsgenossen der damaligen Zeit, einzig eine Betreuerin seiner Kinder, eine Wirtschafterin in Küche und Keller, er wollte eine ebenbürtige Partnerin. Er wies ihr den Weg zum frauengeschichtlichen Studium. „Das Leben der Frauen ist nicht erforscht und geschichtlich in Zusammenhang mit dem Ganzen geschrieben worden, doch das ist die Aufgabe eines ganzen Lebens. Ein unnütz' Leben ist ein früher Tod; lebe, dass es Leben ist", hieß sein Vermächtnis an Minna.

Minna Cauer wurde durch ihren Mann nicht nur mit dem Frauenbildungsproblem bekannt gemacht. Sie kam auch in Kontakt zu führenden liberalen Politikern wie Ludwig Bamberger, dem Reichstagspräsidenten Max von Forckenbeck, Theodor Barth und Karl Schrader, sondern sie traf auch Vertreterinnen der Frauenbewegung wie Ulrike Henschke und Helene Lange. Rudolf Breitscheid schrieb später rückblickend auf die vom „Schraderkreis" initiierten „Pädagogischen Abende" mit Repräsentanten des öffentlichen Lebens: „Es war der einzige Kreis, wo außerhalb der Sozialdemokratie das Verständnis für die Demokratie, die auch an den Grenzen des Geschlechtes nicht Halt macht, aufdämmerte." Diese Abende hatten Erziehungsfragen im weiteren Sinne der Volksbildungsbestrebungen sowie politische Tagesfragen zum Inhalt und übten auf den geistigen Werdegang Minna Cauers einen nachhaltigen Einfluss aus.

Im Jahre 1881 starb Eduard Cauer achtundfünfzigjährig und ließ seine Witwe in zunächst fassungsloser Trauerstarre zurück. Aber der Vernunft gehorchend suchte sie nach neuen Lebensinhalten. Sie befasste sich mit Frauenforschung in Literatur, Philosophie und Geschichte, las Schopenhauer und ärgerte sich über dessen Einstufung der Frau als „eine Art Mittelstufe zwischen Kind und Mann, welcher der eigentliche Mensch ist". Sie ärgerte sich auch über ihre Lage als rechtlose Witwe und berichtet in ihren Erinnerungen: „Jedoch bei diesen Forschungen kam ich immer mehr zu der Überzeugung, wie niedrig die Stellung der Frau war, wie sklavenhaft, wie rechtlos, wie unwürdig ..." Immer mehr wurde ihr klar, dass mangelnde Bildung der Frauen die Ursache war, sie zu diskriminieren. Die eingeschränkte Ausbildung der Frauen in besonderen Lehrerinnenseminaren diente den Schulbehörden als Rechtfertigung der schlechteren Bezahlung und des Verbotes, an der Oberstufe von Mädchenschulen zu unterrichten. Amtlich vorgeschrieben betrug das Gehalt von Volksschullehrerinnen nur 77 Prozent des Lehrergehaltes, tatsächlich lag es oft darunter.

Die Themen Recht und Bildung, vor allem Recht *auf* Bildung, wurden zum Fuß- und Angelpunkt des nun beginnenden aktiven Kampfes der Minna Cauer für die Frauen. 1885 wird sie Mitglied in der neu gegründeten „Deutschen Akademischen Vereinigung", in der sich Bildungsreformer, Vertreter des Naturalismus und Frauenrechtlerinnen versammeln. Als eine Gruppe innerhalb der Vereinigung, mit dem speziellen Ziel, das Recht der Frau auf Arbeit und Bildung durchzusetzen, leitete Minna Cauer den Verein „Frauenwohl“ und geriet in Kontakt mit der bürgerlichen Frauenbewegung, an der sie maßgeblich mitwirkt. Darüber hinaus wird sie Mitglied in der von Bertha von Suttner initiierten „Deutschen Friedensgesellschaft“.

Die Begrenzung auf die gehobenen bürgerlichen Kreise in der „Akademischen Vereinigung“ veranlasste sie schließlich, den Verein „Frauenwohl“ loszulösen und zu verselbständigen. Jetzt beginnt für sie eine rege Reisetätigkeit, um Mitglieder zu werben und eine breitere Bevölkerungsschicht für ihre Ziele zu begeistern. Dabei entdeckt sie ihre ungeahnten agitatorischen Talente. Neugründungen des Vereins in allen Teilen des Landes waren die Folge. Ihre bildhafte Sprache erleichterte den Zugang zu den Menschen. Else Lüders, langjährige Sekretärin und Freundin, beschrieb sie so: „Das ausdrucksvolle Mienenspiel und die anmutige Bewegung der Hände ließen Minna Cauers Vorträge auf viele wie ein Kunstwerk wirken.“ Diese Wirkung wurde sicherlich noch durch das äußere Erscheinungsbild verstärkt: Minna Cauer war eine hübsche Frau, weit entfernt von dem Zerrbild der „Emanze“, wie es noch heute durch dumme Köpfe spukt.

Obwohl der Verein nie über mehr als 1 220 Mitglieder zählte, die in siebzehn Zweigvereinen organisiert waren, erregte er in der Öffentlichkeit relativ große Aufmerksamkeit, sogar im Ausland. Vor allem auch als ihre Vorsitzende das rein bürgerliche Lager verließ, sich nicht nur für weibliche Angestellte und Arbeiterinnen einsetzte, sondern sogar für Prostituierte. „Mein Kopf ist vielleicht noch bürgerlich, mein Herz ist ganz bei meinem Volk. Die Sozialdemokratie zieht mich mächtig an“, schrieb sie im April 1894 in ihr Tagebuch. Die Begegnung mit Clara Zetkin beeindruckte sie stark, und sie verehrte den Arbeiterführer August Bebel tief. Sie suchte ihn sogar auf, um ihn zu fragen, ob sie der Sozialdemokratie beitreten solle. Seine Antwort: „Bleiben Sie drüben! Vielleicht würden Sie bei uns zu sehr leiden, da Sie nicht aus dem Arbeiterstande sind. Verbreiten Sie dort Ihre Ideen, die sich den unsrigen nähern.“

Minna Cauer blieb offiziell „drüben“, aber ihr Gerechtigkeitssinn ließ sie soziale Schranken vergessen. Weil der neu gegründete Dachverband der bürgerlichen Frauenbewegung, der „Bund deutscher Frauenvereine“, keine Vertreterinnen der proletarischen Protestbewegung zulassen will, veröffentlicht Minna Cauer im sozialdemokratischen *Vorwärts* eine Protesterklärung. Als Reaktion treten Helene Lange und eine größere Anzahl liberaler Frauen aus dem Verein „Frauenwohl" aus. Von jetzt an gibt es keine Rücksichtnahme auf die „Gemäßigten" mehr. Mit der sozialdemokratischen Frauenrechtlerin Lily Braun reist Minna 1895 nach England, um sich über die weitaus radikalere Frauenbewegung dort zu informieren. Als Ergebnis übernimmt sie drei Jahre später den Vorsitz im „Verband fortschrittlicher Frauenbewegung", dem Dachverband der „Radikalen".

Ihr unermüdlicher Kampf in Publikationen, Diskussionen und Kundgebungen hat nun ein Hauptziel: das Frauenstimmrecht. Genau wie ihr Vater einst über erlittenes Unrecht fuchsteufelswild geworden war, brachte sie die so genannte Segmentsbestimmung, die der preußische Innenminister von Hammerstein 1902 erlassen hatte, auf die Barrikaden. Danach hatten sich bei politischen Veranstaltungen Frauen in einen abgeteilten Raum zu setzen und durften sich an Diskussionen nicht beteiligen. Wollte eine Frau einen Redebeitrag liefern, musste sie einen Mann beauftragen, ihren Vortrag zu halten. Sie selbst musste, im „Segment" sitzend, stumm zuhören. Auch in diesem Rahmen hatte die Frau zu schweigen. Minna Cauers Fazit: Die Frauen brauchten ein Stimmrecht, um solche ministeriale Entmündigung zu unterbinden, und nicht nur das. „Die Frau gehört nicht mehr ins Haus, sie gehört in dieses Haus, den Reichstag", erklärte sie in einer Eingabe an das Parlament.

Es waren noch unendlich viele Hürden zu nehmen, aber es war ihr vergönnt, das siegreiche Ende ihres Kampfes um das Frauenwahlrecht zu erleben. Am 3. August 1922 stirbt sie achtzigjährig in Berlin. Unter ihrer seit 1948 spurlos verschwundenen Bronzebüste auf dem Alten St. Matthäus-Kirchhof zu Berlin stand: „Vollendet, was wir begonnen". Der sechzehnjährige Schüler Ersin, Teilnehmer eines Friedhof-Workshops, hat dieses Signal verstanden. An ihrem Ehrengrab der Stadt Berlin stellte er ein Schild mit der Inschrift auf: „Minna Cauer hat für die Rechte der Frauen gekämpft. Es gibt immer noch Unterdrückung in dieser Zeit. Zum Beispiel meine Oma. Sie hatte keine Rechte. Sie musste immer auf ihren Mann hören. Sie durfte nicht in die Schule, und sie kann jetzt noch immer nicht lesen und schreiben. Sie kommt aus der Türkei."

Christina-Maria Bammel

Therese von Kusserow (1845–1912)

„Kann denn Liebe Sünde sein?" – Prinzessin Diana hatte für „unerlaubte" Liebe die königlichen Rennställe entdeckt, die Schauspielerin Sienna Miller ein Speed-Boot auf italienischen Gewässern, und Therese von Ravené brach die Ehe an einem der Weltgeschichte unbekannten Ort. Ob Theodor Fontanes Fantasie eine richtige Spur verfolgt, indem der Literat die Liebenden seines Romans *L'Adultera* unter den Palmen des familieneigenen Treibhauses platziert, wird geheim bleiben. Fest

Therese von Kusserow

steht nur, dieser Bruch ist bereits mehr als einhundertdreißig Jahre her. Hätte es damals die *Bild-Zeitung* gegeben, man ahnt, wie in schwarzer Blockschrift getitelt worden wäre. Aber weder *Bild* noch *Brisant* gab es im Berlin des ausgehenden neunzehnten Jahrhunderts. Medienmetropolen waren noch nicht erfunden. Auch die *Bunte* twitterte noch nicht.

Aber Melanies respektive Thereses Entschluss der verbotenen Liebe schaffte es zumindest in der Kategorie Gesellschaftsskandal auf die Unterhaltungsseiten der *Vossischen Zeitung*. Mehr noch, der Skandal wurde zur Romanvorlage für Theodor Fontanes literarische Schöpfung *L'Adultera*. Diesem ersten der Spätwerke Fontanes wird nachgesagt, es sei das kitschigste aus des preußischen Dichters Hand. Nur weil es „glücklich" – oder sagen wir „versöhnlich" – endet? Nur weil eine Frau so etwas wie ihr eigenes Schicksal beherzter in die Hand zu nehmen scheint als eine Effi Briest beziehungsweise Elisabeth von Ardenne? Manchmal sind die Grenzspuren zwischen Kitsch und Glück im Nebel. *Effi Briest* wird nachgesagt, dichterisch überzeugender und schöner zu sein. Wer auch immer darüber urteilen kann, es fragt sich, warum Theodor Fontane von dem Schicksal der Therese Simon, geschiedene Ravené – das reelle Vorbild der literarischen Gestalt der Melanie van der Straaten – so eingenommen war. Welche Seite seines Herzens wurde von diesem Skandal berührt, als er den entscheidenden und ausschlaggebenden Artikel in der Tageszeitung vom 1. Juni 1874 las?

Seine eigene, nicht ganz unbeschwerte Ehegeschichte mag kaum zur Erklärung genügen. Nach eigener Aussage war er aus rein literarischem Interesse mehr verliebt in die „Magdalenen" seiner Zeit, als in die biederen gesellschaftskonformen Damen ohne den Hauch einer Sehnsucht nach eigenem Leben. Und schließlich: Fontanes Bemühungen, ein Gesellschaftsbild zu entwerfen, das der Zeit den Spiegel vorhält, auch dies wird man nicht vernachlässigen können. „Heucheleien versuchte er (...) anzugreifen und die Doppelmoral anzuprangern, die Untreue und sexuelle Freizügigkeit männlicherseits duldete, die Frauen, die sich ähnlich verhielten, ächtete" (Gordon A. Craig). Auch in der Berliner Familie Ravené ist die von der Seite des Ehegatten selbstverständlich praktizierte Freizügigkeit an der Tagesordnung gewesen. Dieses Detail der reellen Geschichte muss noch einen Augenblick warten.

Die Scheidungs-Story Fontanes spielt in der Gründerzeit, geprägt von wirtschaftlichem Aufstieg und vom Starkwerden des Besitzbürgertums. Der Kommerzienrat van der Straaten verkörpert eben diesen Etablierungsprozess. Seine Gestalt hat in der Realität das Vorbild Jacob Frederic Louis Ravené, Sohn eines Berliner Stahlhandel-Unternehmers mit allerbesten Kontakten zum Kaiserhaus, mit einem Vermögen, das Ressourcen genug ließ, um eine der bekanntesten Galerien in einer von Berlins feinsten Adressen zu eröffnen. Doch nicht nur dies. Geld spielte offenbar so wenig eine Rolle, dass auch ein Schlosserwerb keine größere finanzielle Herausforderung darstellte.

„Begehre nie ein Glück zu groß, ein Weib zu schön. / Es könnte Gott in seinem Zorn dir beides zugestehn", ließ Jacob Frederic Louis Ravené über die von ihm erworbene und restaurierte Burg Cochem an der Mosel meißeln. Einst träumte er davon, diese Burg für seine Frau Therese herzurichten. Doch als die Burg fertig wurde, war Therese schon die Frau eines anderen. Der verschmähte Burgrestaurator starb bald darauf – bereits fünf Jahre geschieden – 1879. Wer war die Frau, die sein Herz und die gemeinsame Ehe gebrochen hatte? Wer war – wenn man das so sagen darf – die Frau hinter der Romangestalt Melanie van der Straaten?

Therese Elisabeth Emilie von Kusserow, geschiedene Ravené, glücklich wieder verheiratete Simon, erblickte das Licht der Welt in Münster im Jahre 1845. Als sie mit siebenundsechzig Jahren beim Warten auf den Zug an einem Herzschlag plötzlich verstirbt, hinterlässt sie drei Kinder aus erster und sieben Kinder aus zweiter Ehe. Zwei weitere Kinder, Olga und Ellinor, haben das Erwachsenenalter nicht erreicht. Die Eine wegen einer Zuckererkrankung, die Andere wegen eines heimtückischen Keuchhustens. Therese sieht diese schmerzlichen Verluste als Strafe Gottes an. Als sie das erste Mal heiratet, übrigens eine arrangierte Heirat, da ist Therese selbst fast noch ein Kind, ein bildhübsches dazu. Siebzehn Jahre jung wird sie vom zweiundzwanzig Jahre älteren Jacob Frederic Louis Ravené zum Traualtar geführt. Ob sie in ihm den früh verstorbenen Vater suchte oder Spuren von Väterlichkeit zu finden meinte?

Über die familiäre Herkunft von Therese weiß man nicht viel. Erschütternd bleibt jenes Detail, dass der Bruder Heinrich seiner Schwester die Scheidung nie verziehen hatte. Der Bruder Carl hatte sich allerdings mit Therese versöhnt, wurde dafür jedoch mitsamt seiner Schwester aus dem Stammbaum der Familie getilgt. Familie kann grausam sein. Therese ist noch keine Dreißig, als sie ihre erste Ehe für gescheitert erklärt. Auf einen Versöhnungsversuch des Ehegatten Ravené am Genfer See kann und mag sie nicht mehr eingehen. Wird dafür neben der großen Liebe zu Gustav Simon eine Rolle gespielt haben, dass die zurückliegenden Ehejahre auch getrübt waren von dem Jähzorn und Eigensinn des Mannes? Die Scheidungsakten sind vernichtet. Sie sollen den einen oder anderen Hinweis darauf gegeben haben.

Keiner und keine verlässt eine glückliche Ehe. Bekannt ist, dass Jacob Frederic seine Junggesellengewohnheiten nicht abzulegen bereit gewesen war, und selbst während der Geburt seiner ersten Tochter Damenbesuch aus der Theaterwelt in seinem Marmor- und Kristallkeller des „Palais Ravené“ in Empfang nahm. Ehebrecherische Allüren eines Mannes also, dessen gesellschaftliches Umfeld ihm genau diese skandalöse Praxis zugestand! Als Therese das Haus ihres Mannes verlässt, geht sie ohne ihre drei Kinder, Else, Louis Ferdinand und Amelie. Sie wird geahnt haben, dass kein Gericht der Welt ihr damals das Recht auf ihre Kinder zugesprochen hätte. Selbst die glückliche Ehe mit Gustav, die von Beiden geteilte Liebe zur Musik, vor allem das gemeinsame Glück der sieben gesunden Kinder konnten kein Ersatz für diesen Verlust sein. Tagebucheinträge geben davon Zeugnis. Und doch dichtet die musische und sprachlich hoch begabte Therese nach zwanzig erfüllten Ehejahren für ihren Gustav:

Verstoßen haben mich die Meinen / Gerecht sie sich darob erscheinen, (...) Wär mir noch mal die Wahl gestellt, / gehorchte mir die ganze Welt, / gäb Gott die Jugend mir zurück, / doch ohne Dich wär dieses Glück, / ich schlüg es aus und blieb bei dir!
Karlsbad, Mai 1899

Die Kunst der Sprache, so etwa die Gedichte Eichendorffs, und die Kunst der Musik müssen Therese Simon getröstet haben. In Liedern von Johannes Brahms war sie genauso zu Hause wie in klassischer und romantischer Kammermusik. Brahms selbst hat brieflich davon erfahren. Der Kummer um diese Brüche in ihrem Leben hat die Ehefrau des Konsuls in Königsberg allerdings weder verbittert noch in Schwermut gestürzt. Im Gegenteil, sie muss voller Lebenskraft gewesen sein – wenn man der Trauerrede folgen darf, sogar bis zu ihrem letzten Lebenstag. Therese Simon wurde über die Grenzen der Stadt Königsberg hinaus eine Größe des sozial-gesellschaftlichen Engagements. Es hat ihr nicht nur die höchsten kaiserlichen Orden eingebracht, sondern die Herzen vieler Menschen zufliegen lassen. Von der „Therese und Gustav Simonschen Kinderhorte“-Gründung war noch auf der Trauerrede für Therese Simon die Rede. Beeindruckend bleibt auch, dass eine Frau der Liebe ihres Herzens zu folgen verstand, Konventionen nicht das letzte Wort überlassen wollte und gleichwohl wusste, was es heißt, zu verlieren und zu gewinnen.

Im Jahre 1901 wurde in dem damaligen Gutsdorf Marquardt bei Potsdam eine neue Kirche eingeweiht. Der Kirchenpatron und Stifter dieser Kirche war einer der Söhne von Therese: der Geheime Kommerzienrat Louis Ravené. Wer heute diese Kirche besucht, trifft dort auf die Geschichte der Familie von Ravené und damit auch auf die Geschichte der Therese Simon.

Claudia von Gélieu

Emma Ihrer (1857–1911)

„Ein Stück der Zukunft ... vorausgelebt" – wenn Frauen sich heute in Deutschland ohne Einschränkungen politisch betätigen können, dann verdanken sie dies dem unermüdlichen Einsatz von Frauen wie Emma Ihrer. Ihr Organisationsgeschick, Redetalent und Erfindungsgeist, vor allem aber ihre Hartnäckigkeit ermutigte die Mitstreiterinnen und trugen wesentlich zur Aushebelung des bis 1908 geltenden Politikverbots für Frauen bei. Dabei standen ihrem Streben nach Emanzipation und Gleichberechtigung nicht nur Polizei, Justiz und konservative Politiker im Wege, sondern auch die Vorurteile der Männer in den

Emma Ihrer, um 1905 (SAPMO-BArch, Bild Y 10 – 443-71)

eigenen Reihen der Arbeiterbewegung, den Gewerkschaften und der Sozialdemokratie.

Geboren und aufgewachsen im schlesischen Glatz, lebte Emma Ihrer seit 1881 bis zu ihrem Tod in Berlin und Brandenburg, wo auch der Mittelpunkt ihres politischen Wirkens lag. 1881 taucht Emma Ihrers Name das erste Mal in den Berliner Polizeiakten auf. Die Vierundzwanzigjährige hatte sich an der Gründung eines „Frauenhilfsverein für Handarbeiterinnen" beteiligt und war in dessen Vorstand gewählt worden. Zu den Zielen dieses Vereins gehörte die Errichtung einer Arbeitsvermittlung und von Arbeitswerkstätten für erwerbslose Frauen, eines Speisehauses und einer Lesehalle für Arbeiterinnen. Doch die Vorhaben des „Frauenhilfsverein" scheiterten an den zu geringen finanziellen Mitteln. Übrig blieben wichtige Erfahrungen und „ein Häuflein tatkräftiger Frauen", die etwas gegen die „erbärmliche Ausbeutung der weiblichen Arbeitskräfte" unternehmen wollten.

Dass es die soziale Not sei, die die Frauen in die Prostitution trieb, darauf wies Emma Ihrer ein Jahr später Gertrud Guillaume-Schack hin, als diese wichtigste deutsche Vertreterin der internationalen Abolitionistenbewegung zur Bekämpfung der Prostitution in Berlin über das Thema sprach: „Wie kann man die Sittlichkeit der Arbeiterinnen heben?" Damit veranlasste Ihrer, dass Guillaume-Schack sich der Arbeiterinnenfrage zuwandte. 1885 initiierte sie die „Central-Kranken- und Begräbniskasse für Frauen und Mädchen in Deutschland". Diese Organisation, die innerhalb kürzester Zeit mehr als zehntausend Mitglieder aufwies, diente auch als Tarnung für den ersten deutschlandweiten Zusammenschluss der Arbeiterinnenbewegung. Nach der gescheiterten Revolution von 1848 hatten Preußen und Bayern Vereinsgesetze erlassen, die es Frauen verboten, sich politisch zu organisieren. Die ebenfalls von Guillaume-Schack herausgegebene Verbandszeitschrift *Die Staatsbürgerin – Organ für die Interessen der Arbeiterinnen und der Central-Kranken- und Begräbniskasse für Frauen und Mädchen in* Deutschland offenbarte die weiterreichende Intention.

Regelmäßig berichtete *Die Staatsbürgerin* auch über das Engagement von Emma Ihrer. 1885 hatte sie in Berlin den *Verein zur Vertretung der Interessen der Arbeiterinnen* mitbegründet und war zu dessen Schriftführerin gewählt worden. Ermutigt durch Guillaume-Schack wagte sich Emma Ihrer erstmals auch auf die Rednerinnentribüne und das offenbar mit Erfolg. „Die pp. Ihrer ist eine gewandte Rednerin", heißt es in den Akten des Königlich Preußischen Ministeriums des Innern, und aus Dresden meldete die Polizei: „Um so mehr hat aber Frau Ihrer das Interesse der arbeitenden Frauen und Mädchen erwirkt, und ihrem wiederholten Auftreten hierselbst ist es zuzuschreiben, dass sich mehrere hundert Frauen und Mädchen zum Eintritt in den gegründeten Verein der arbeitenden Frauen und Mädchen von Dresden und Umgebung gemeldet haben." Für die Jahre 1885/86 sind außer aus Dresden Auftritte von Emma Ihrer aus Breslau, Bielefeld, Bremen, Danzig, Gera, Glauchau, Großenhain, Hamburg, München, Nürnberg, Potsdam, Weißenfels und Zeitz überliefert.

Schließlich schlug die Polizei zu: Im Frühjahr 1886 wurde der Berliner „Arbeiterinnenverein" und im Juni *Die Staatsbürgerin* verboten, Gertrud Guillaume-Schack wurde aus Preußen ausgewiesen und Emma Ihrer und ihre Mitstreiterinnen wurden zu Geldstrafen verurteilt.

Für Emma Ihrer war es nur die erste von vielen weiteren Verurteilungen und anhaltenden persönlichen Schikanen durch Polizei und Justiz. 1894 entkam ihr Ehemann Emanuel Ihrer dem Entzug seiner Apothekenkonzession nur dadurch, dass er seine Apotheke im brandenburgischen Velten, wo das Ehepaar seit 1887 gelebt hatte, gerade noch rechtzeitig an einen Nachfolger verkaufte. Die Behörden kreideten es dem Ehemann als „unwürdige unverzeihliche Schwäche" an, dass er seiner Frau ihre Auftritte als „sozialistische Agitatorin" nicht untersagt habe.

Scheiterten auch nach 1886 alle Bemühungen, die Zulassung eines neuen Arbeiterinnenzusammenschlusses zu erwirken, ihre Vortragstätigkeit setzte Emma Ihrer fort. Geschickt nutzte sie dabei eine Lücke im Frauen diskriminierenden Vereinsrecht, das Frauen lediglich die Teilnahme an Versammlungen politischer Organisationen verbot, nicht aber an solchen, die von Einzelpersonen einberufen wurden. Im Frühjahr 1890 gelang es ihr, bis zum preußischen Innenminister vorzudringen und von diesem die Zusage zu erhalten, dass von Frauen für Frauen einberufene Versammlungen in Zukunft nicht mehr rechtswidrig von den Behörden schikaniert und auch Frauenagitationskommissionen geduldet würden. Während offizieller Wahlkampfzeiten war das Politikverbot für Frauen generell außer Kraft gesetzt, so dass Emma Ihrer auch als Wahlkampfrednerin für die SPD auftreten konnte. Dabei war sie offensichtlich so gefragt, dass die Zeitung des Parteivorstands, der

Vorwärts, 1894 den Hinweis veröffentlichte, dass Emma Ihrer keine weiteren Reden übernehmen könne.

1889 vertrat Emma Ihrer die deutsche Arbeiterinnenbewegung beim Internationalen Sozialistenkongress in Paris. Außerdem hatte sie dafür gesorgt, dass Clara Zetkin, die in Paris im politischen Exil lebte, als zweite Delegierte von den deutschen Genossinnen ein Mandat erhielt. Gemeinsam verhinderten Ihrer und Zetkin einen Antrag, der die Frauenerwerbstätigkeit verbieten wollte. Bis zu ihrem Tod war Emma Ihrer Delegierte bei den Internationalen Sozialistenkongressen, seit 1907 auch bei den davor stattfindenden Frauenkongressen. So gehörte sie 1910 bei der Internationalen sozialistischen Frauenkonferenz in Kopenhagen zu den Antragsstellerinnen des Internationalen Frauentages.

Auch auf den Parteitagen der SPD ergriff sie immer wieder die Initiative für Fraueninteressen. So forderte sie im Herbst 1890 auf dem ersten Parteitag der Sozialdemokratie nach dem Fall der Sozialistengesetze die Gründung einer Arbeiterinnenzeitung. Sie argumentierte, dass die Parteipresse den Frauen zu wenig Raum böte, politische Aufklärung in verständlicher Sprache geschehen müsse und eine eigene Zeitung den durch das Politikverbot erschwerten Zusammenhalt für die Arbeiterinnen schaffen könne. Als die fast ausschließlich männlichen Delegierten ihrem Vorhaben die Zustimmung versagten, brachte sie die *Arbeiterin – Zeitschrift für die Interessen der Frauen und Mädchen des arbeitenden Volkes / Organ aller auf dem Boden der modernen Arbeiterbewegung stehenden Vereinigungen der Arbeiterinnen* ab Ende 1890 in eigener Regie heraus.

Ein Jahr lang war Emma Ihrer zugleich Verlegerin, Redakteurin, wichtigste Artikelschreiberin und Hauptgeldgeberin der wöchentlich erscheinenden Arbeiterinnenzeitung, dann hatte sie die SPD vom Nutzen überzeugt. Der nächste Parteitag im Oktober 1891 beschloss die Übernahme der Zeitung in den Parteiverlag und die Finanzierung einer hauptamtlichen Mitarbeiterin. Ab Ende Dezember 1891 erschien die Zeitung unter dem neuen Namen *Die Gleichheit* beim Verlag J. H. W. Dietz in Stuttgart, mit Clara Zetkin als Redakteurin. Dieser Verzicht Emma Ihrers, die bis 1907 Herausgeberin der *Gleichheit* blieb, zugunsten der allein erziehenden Mutter, die materiell abgesichert werden musste und einer politischen Tätigkeit bedurfte, die sich mit der Betreuung zweier kleiner Kinder vereinbaren ließ, scheint typisch für Emma Ihrer zu sein.

„Sie kannte nicht den Ehrgeiz, der an einer ersten Stelle stehen will", schreibt Wally Zepler in ihrem Nachruf auf Emma Ihrer in den *Sozialistischen Monatsheften*. „Glaubte sie irgendwo einen Menschen zu bemerken, der ihr zu einem Posten in der Partei begabt schien, so setzte sie alle Überzeugungskraft darein, ihn auch zu dieser Arbeit zu begeistern. Sah sie eine geistige Kraft, die vielleicht noch nicht voll entfaltet war, so wurde sie niemals müde, alle Bildungsmittel heranzuziehen, die ihr selbst zu Gebot standen, ihre eigene Zeit daran zu wenden, um die schlummernde Begabung zu entwickeln und in den Dienst der Partei zu stellen. (...) Sie hat den Reichtum eines schaffenden Frauenlebens, den sie für das ganze weibliche Geschlecht ersehnte, selbst durchkostet und so ein Stück der Zukunft, von der sie träumte, vorausgelebt."

Der Schwerpunkt des Engagements von Emma Ihrer lag im gewerkschaftlichen Bereich. Als Vertreterin der Arbeiterinnen gehörte sie 1890 als einzige Frau dem Gründungskomitee des ersten Dachverbandes der freien Gewerkschaften an und wurde 1891 in die Generalkommission gewählt. Sie initiierte Beschwerdekommissionen für Arbeiterinnen und verfasste 1897 den ersten Bericht über die Situation der Berliner Arbeiterinnen. Als 50 000 Berliner Konfektionsarbeiterinnen im Januar 1896 in den Streik traten, um gleichen Lohn für gleiche Arbeit und die Einrichtung von selbst verwalteten Werkstätten durchzusetzen, vertrat Emma Ihrer sie als Verhandlungsführerin vor dem Gewerbeamt. Geburtshilfe leistete sie bei Gründung unzähliger Fachverbände in Frauenarbeitsbereichen wie bei der Organisation der Verkäuferinnen im „Verband der Handlungsgehilfinnen" und der Dienstmädchen im „Verband der Hausangestellten". Den „Zentralverband der in der Blumen-, Blätter-, Palmen- und Putzfederfabrikation beschäftigten Arbeiter und Arbeiterinnen Deutschlands" leitete Emma Ihrer seit seiner Gründung 1903 bis zu ihrem Tod 1911 und redigierte auch dessen Verbandszeitung. Mit ihrem Artikel „Die Aufgabe der Frau im Kampf gegen die Heimarbeit" gab Emma Ihrer 1904 den Auftakt für den 1905 von den Gewerkschaften durchgeführten Heimarbeitskongress, zu dem Gewerkschaftsfrauen eine Ausstellung über die Situation der Heimarbeiterinnen erstellten, die 1906 auch in der Akademie der Künste Unter den Linden gezeigt wurde.

Nachdem die Generalkommission 1902 ins Berliner Gewerkschaftshaus umgezogen war, beantragte Emma Ihrer, zusammen mit anderen Gewerkschaftsfrauen, ein Arbeiterinnensekretariat einzurichten. Dass sie das Büro bekamen, obwohl ihr Antrag aus Zeitgründen beim Gewerkschaftskongress nicht behandelt worden war, dürfte Emma Ihrers persönlicher Beziehung zum Gewerkschaftsvorsitzenden Carl Legien zu verdanken sein. Der nächste Kongress bewilligte nicht nur nachträglich das Büro, sondern auch eine bezahlte Mitarbeiterin.

Nicht nur im Politischen, sondern auch im Privaten lebte Emma Ihrer ungewöhnlich und ihrer Zeit weit voraus. Während ihrer Mitgliedschaft in der Generalkommission der Gewerkschaften hatte sie deren Vorsitzenden Carl Legien kennen und lieben gelernt. Allerdings verließ sie ihren Ehemann Emanuel Ihrer nicht. Vielmehr kaufte das Ehepaar Ihrer nach dem Umzug der Generalkommission nach Berlin 1902 zusammen mit Carl Legien ein Haus in der Marthastraße 10 in Niederschönhausen, wo sie zu dritt lebten. Die beiden Männer setzten ihre Wohngemeinschaft auch nach dem Tod von Emma Ihrer 1911 fort.

Last but not least: Emma Ihrer war auch die erste Chronistin der Arbeiterinnenbewegung in Deutschland. 1893 gab sie im Selbstverlag die Broschüre *Die Organisation der Arbeiterinnen Deutschlands, ihre Entstehung und Entwicklung* heraus. Anlass hierfür war die Weltausstellung in Chicago, zu der die amerikanische Frauenbewegung einen eigenen Ausstellungspavillon errichtete, in welchem gezeigt werden sollte, „was die Frauen auf den verschiedenen Gebieten des menschlichen Schaffens leisten, und wie und unter welchen Bedingungen sie allerwärts für ihre Befreiung und ihre Gleichstellung mit der Männerwelt kämpfen“, wie Emma Ihrer zur Ankündigung ihrer Broschüre in der *Gleichheit* vom 5. April 1893 schrieb. Fünf Jahre später erschien eine überarbeitete und erweiterte Fassung der Broschüre unter dem Titel *Die Arbeiterinnen im Klassenkampf*. Autorin war ebenfalls Emma Ihrer.

Es gibt nur zwei Frauen, die auf dem Friedhof der Sozialisten in Friedrichsfelde, heute Bestandteil der „Gedenkstätte der Sozialisten“, ein eigenes Grab erhalten haben, die eine ist Emma Ihrer. Straßen, die ihren Namen tragen, gibt es im brandenburgischen Velten und im Berliner Neubaugebiet Rummelsburger Bucht. Als die Deutsche Bundespost 1988 mit einer Briefmarkenserie der Verdienste von Frauen gedachte, wurde Emma Ihrer die 5-Pfennig-Marke gewidmet. Ihr Beitrag zur Gleichberechtigung und Emanzipation wurde in Artikeln und Aufsätzen gewürdigt, eine Biografie gibt es bisher allerdings nicht.

Cornelia Radeke-Engst

Kaiserin Auguste Viktoria (1858–1921)

„Frau wählt Europa" – unter diesem Motto stellen hundertzehn Jahre nach der kaiserlichen Gründungsinitiative die Urenkelinnen ihrer „Frauenhülfe" die Kandidatinnen für das neue EU-Parlament auf den Prüfstand. Das politische Engagement ihrer geistigen Urenkelinnen hätte Auguste Viktoria irritiert. Politik überlässt sie dem kaiserlichen Gemahl. Sie verfolgt vorrangig karitative Ziele, als unter ihrem Protektorat 1899 die „Frauenhülfe" gegründet wird, aus der sich ein Frau-

Kaiserin Auguste Viktoria

ennetzwerk von politischer Relevanz entwickelt. Die Töchter der von ihr begründeten Tradition lesen die Bibel als Frauen. Daraus erwächst ein Engagement in Kirche und Politik gegen Frauenarmut hier und in der Zweidrittel-Welt – das wäre in ihrem Sinn.

Prinzessin Auguste Viktoria Friederike Luise Feodora Jenny, Dona genannt, wird am 22. Oktober 1858 auf dem Rittergut Dolzig in der Niederlausitz geboren. Sie entstammt keinem der regierenden Fürstenhäuser, gilt als verarmt, und auch in Sachen Bildung fehlt ihr Einiges. Sie ist ein Mädchen vom Land, das plötzlich ins Rampenlicht gerät. Liebe auf den ersten Blick ist Kronprinz Wilhelm wenigstens für sie. Von ihm ist das so nicht mit Sicherheit zu sagen. Die Zustimmung des Kaiserhofs zur Hochzeit gilt als Geste der Wiedergutmachung gegenüber ihrem Vater, Herzog Friedrich von Schleswig-Holstein-Sonderburg-Augustenburg. Preußen hatte ihm seine Erbansprüche auf Schleswig und Holstein verweigert. Die Mutter des Kronprinzen freut sich auf Dona. Sie „ist so gut und liebenswürdig (...). Sie besitzt einen sanften, versöhnlichen Charakter, und das ist bei einer so großen Familie so unendlich viel wert (...)." Zugleich erhofft sie von der zukünftigen Schwiegertochter liberale Einflussnahme auf ihren Sohn. Darin wird sie die Prinzessin aus Pimkenau enttäuschen, deren Markenzeichen Anpassungsfähigkeit und konservative Frömmigkeit ist. Sie wird die Kreise der Hofgesellschaft nicht stören. Am englischen Hof bekommt sie in Protokollfragen den letzten Schliff. Ihre Briefe aus England erzählen von Liebe und besänftigender Einflussnahme auf ihren Bräutigam gegenüber dessen Eltern.

Am 27. Februar 1881 wird das Paar in der Kapelle des Berliner Schlosses getraut. Das mehrtägige Hochzeitsfest verlangt ihr viel Stehvermögen ab. Dona bezaubert die Berlinerinnen und Berliner auf den Straßen. Queen Victoria hatte das erhofft: „Ihr Lächeln, ihr Wesen und ihr Ausdruck müssen sogar die borstigen, dornigen Berliner mit ihren scharfen Zungen und ihrem schneidenden Sarkasmus über jeden und alles entwaffnen." Auf Dauer jedoch ist sie am Hof eine Enttäuschung. Mit ihr ist kein Staat zu machen. Bieder, schüchtern, fromm, bleibt sie das Mädchen vom Lande. Die Fürstin von Pless bespöttelt sie als sanfte Kuh, die sich damit zufrieden gebe, Gras zu fressen, wiederzukäuen und Kälbchen in die Welt zu setzen. Hinter vorgehaltener Hand nennt man die „Prinzessin Wilhelm" jetzt „die Holsteinsche Kuh".

Im Drei-Kaiser-Jahr 1888 enden die unbeschwerten Jahre im Marmorpalais des Potsdamer Neuen Garten. Sie wird dieser Zeit wärmenden Familienlebens und stiller Ehefreuden nachtrauern. Sie wird Kaiserin. Mit großer Energie nimmt sie das soziale Engagement der Kaiserinnen noch als Prinzessin bereits 1881 trotz körperlicher Behinderungen nach einem Unfall auf. Wenn sie durch Nowawes fährt, sieht sie das Elend in den Arbeiterquartieren der Maschinenspinnereien und -webereien. Auf dem Rückweg ins Marmorpalais fühlt sie sich schuldig. Das hindert sie nicht, den Luxus am Hof und einen luxuriösen Lebensstil zu lieben. Georg Ernst Hinzpeter, den Erzieher Wilhelms und späteren Geheimen Regierungsrat des Kaisers, fragt sie: „Worin besteht die Hilfe, die ich in meiner augenblicklichen Stellung diesen unteren Klassen gegenüber beweisen kann?" Er bremst sie: die sozialen Reformen könnten nicht von einer Einzelnen durchgeführt werden. Einer ihrer Bündnispartner, Pastor Friedrich von Bodelschwingh, sieht sofort, von welch großer Bedeutung ihr Engagement für die Entwicklung der sozialen Frage sein wird.

Von einer Predigt am Totensonntag 1887 in der Friedenskirche in Potsdam ist das Kronprinzenpaar tief berührt. Die Federführung aber hat sie, als ihr todkranker Schwiegervater, Friedrich III., ihrer Bitte entspricht und ihr Anfang Mai 1888 in seiner nur neunundneunzig Tage zählenden Amtszeit per Kabinettsordre das Protektorat für den „Evangelisch-Kirchlichen Hülfsverein" (EKH) überträgt. Anders als dem kaiserlichen Gemahl, der Umsturzideen verhindern will, geht es ihr um die Behebung geistlicher Notstände, die Sorge um „ewiges Heil". Ende Mai 1888 wird auf der ersten Generalversammlung in Berlin der „Verein zur Abhilfe religiös-sittlicher Notstände in den Städten" gegründet und eine freiwillige jährliche Kollekte beschlossen. 12 000 Menschen haben innerhalb Berlins nur einen Pfarrer. Durch den Verein werden Hilfsgeistliche, Gemeinde- und Jugendpfleger angestellt. Der Volksmund wird sie fortan spöttisch „Kirchenjuste" und ihre Hofdamen „Halleluja-Tanten" nennen.

„Landesvater und Landesmutter" tragen aber auch Sorge für die „irdische Wohlfahrt". Diakonissen-Stationen werden unterstützt. Nur mit einem Taschengeld versehen waren die Frauen in Tracht kostengünstige Arbeitskräfte, mit denen eine unentgeltliche kontinuierliche häusliche Krankenpflege zunächst in Berlin aufgebaut werden konnte. Die Bekämpfung der Säuglingssterblichkeit liegt ihr am Herzen. Schon vor der Gründung des Kaiserin-Auguste-Viktoria-Hauses fördert sie als Kronprinzessin das Elisabeth-Hospital. Ein Tochterverein entfaltet einen atemberaubenden Baueifer in Berlin und Umgebung. Bis zu Beginn des Ersten Weltkriegs werden sechzig Kirchen gebaut, dazu kommen Bruder- und Diakonissenmutterhäuser, Pflegestationen und Gemeindehäuser.

Nach nur dreijähriger Bauzeit entsteht als ihr „Erstlingswerk", die Erlöserkirche in Berlin-Rummelsburg. Die Kaiserin erholt sich von der siebenten Entbindung, der Geburt der Prinzessin Victoria Luise. Sie schreibt persönlich an die Festgemeinde im Oktober 1892, welch „schmerzliche Entsagung" es für sie bedeute, der Kirchweihe fernbleiben zu müssen und übermittelt Segenswünsche. Rasch werden kritische Stimmen laut, die fragen, ob sich angesichts sozialer Nöte die kirchenferne Bevölkerung wirklich über stolze oder gar überdimensionierte Kirchbauten erreichen lasse. Eine der Hofdamen resümiert, der Kaiserhof hätte klüger gehandelt, wenn er sich der Stimmung im Volke bewusster gewesen wäre. Wegweisend bis heute ist die anlässlich eines Jerusalem-Besuches auf dem Ölberg gegründete Auguste-Viktoria-Stiftung. Diese unterhält ein Krankenhaus, das vorrangig für die arabische Bevölkerung gedacht ist, und ein Informations- und Begegnungszentrum für Israelreisende, das Kontakten mit der Bevölkerung dient.

Die Kaiserin leistet durch rege Besuchstätigkeit nicht nur in Krankenhäusern und Heimen, sondern auch in Fabriken und bei bedürftigen Familien konkrete Hilfe und engagiert sich auch jenseits vom Rampenlicht der Öffentlichkeit. Trotzdem erweist sich ihr Ziel, die Gemeindebasis zu erreichen, als schwierig. Armut ist weiblich, und ohne die Frauen geht es nicht. Zehn Jahre nach Gründung des „Hülfsvereins" 1887 schreibt sie wiederum an den Vorsitzenden des leitenden Ausschusses, Landesdirektor Albert von Levetzow, und bittet um den Aufbau eines Arbeitsfeldes für Frauen und „Jungfrauen".

Sie ruft alle evangelischen Frauen zu „praktischer Liebestätigkeit" auf. Am 1. Januar 1899 wird in Potsdam die „Frauenhülfe" gegründet. Dabei geht es um konkrete Aufgaben innerhalb der Gemeinden, häusliche Krankenpflege, Familienhilfe, Kinderbetreuung, Verteilung von Liebesgaben und Besuche bei Alten und Einsamen. Diese finden in den zu den neu gebauten Kirchen gehörenden Ensembles von Pfarrhaus, Gemeindehaus, Diakoniestation und Kindergarten Raum. Die Gemeinden wachsen. Breit gefächert sind die sozial-diakonischen

Hilfsangebote. Spannend ist jedoch auch das geistige und geistliche Profil, das sich mitentwickelt. „Der Boden des Evangeliums“, von dem sie im Gründungsaufruf schreibt, ist Nährboden für emanzipatorische Frauenarbeit. Diese Entwicklung lag nicht in ihrer Absicht.

Ich bin nicht sicher, ob sie die Texte der Romantikerinnen, die Kultur der von Frauen geführten Salons überhaupt wahrgenommen hat. Den Aufbruch der Frauen im Vormärz und die Frauenwahlrechtsinitiative von Hedwig Dohm hat sie höchstens registriert. Während ihrer Zeit am Hof scheint der Aufbruch vergessen. Für fünfzig Jahre ist Frauen die Teilnahme an Versammlungen untersagt. Erst im November 1918 erhalten Frauen das Wahlrecht. Gegenüber dem Engagement ihrer Schwiegermutter Victoria für die „Förderung der Erwerbstätigkeit des weiblichen Geschlechts“ und der Unterstützung von Helene Lange bei der Errichtung des ersten Mädchengymnasiums klingen ihre Gründungen bieder und unpolitisch. Sie selbst liefert das ideale Vorbild für das bürgerliche Klischee von der Rolle der Frau: Küche, Kinder, Kirche.

Sie mischt sich nicht gern in Politik ein. 1908 tut sie es zum ersten Mal, um die Abdankung ihres Ehemannes zu verhindern, der nach einem unbedachten Interview im *Daily Telegraph* politisch angeschlagen ist und zur Disposition steht. 1914 bestärkt sie den verzweifelten Ehemann in dem Glauben, Kaiser und Reich träfe keine Schuld am Kriegsausbruch. Im Kriegsverlauf wird sie zur glühenden Patriotin. In nationalistischen Tönen ruft sie die deutschen Frauen zur tätigen Mithilfe auf. Sie übernimmt neben der Schirmherrschaft über das Rote Kreuz auch die für dessen Tochterverein, den „Vaterländischen Frauenverein zur Pflege und Hilfe für Verwundete im Kriege“. Dem Gedanken an eine Demokratie kann sie nicht folgen. Als sie nach Kriegsende Wilhelm aus der „betörten“ Heimat ins Exil folgt, von Kindern und Enkeln getrennt, wird sie an Herz und Seele krank. Ihr Gesundheitszustand verschlechtert sich. Sie bangt auch im Exil weiter um das Leben ihres Mannes und ordnet sich ihm ergeben unter. Nach dem Selbstmord des Sorgenkindes Joachim stirbt sie am 11. April 1921 im holländischen Exil in Doorn. Ihr Engagement ist den Menschen im Gedächtnis geblieben. Die in aller Stille geplante Beisetzung im Antikentempel in Sanssouci in Abwesenheit des abgesetzten Kaisers wird unter der Hand zu einem Staatsbegräbnis.

Die *Tausend Biografien großer Frauen der Weltgeschichte* erwähnen sie nicht, obwohl sie als Gründungsmutter der emanzipatorischen Frauenarbeit in der Evangelischen Kirche Deutschlands einen wichtigen Impuls gegeben hat. Die geistigen Urenkelinnen beginnen ihr Handeln wie sie mit dem Lesen der Bibel. Das ist für sie Kraftquelle und dort entdecken sie die Spuren von Frauen und machen sie sichtbar. Sie veröffentlichen längst vergessene Frauengeschichte. Hundertzehn Jahre nach der Gründungsinitiative unter dem Protektorat der Kaiserin stehen der Evangelischen Kirche in Deutschland in herausgehobenen Leitungsämtern Frauen vor. Sie wäre überrascht und irritiert zu hören, dass sie an dem Weg dorthin nicht unbeteiligt gewesen ist.

Annemarie Schönherr

Käthe Pietschker (1861–1949)

„Mein Vater hatte dann ein sehr ernstes Gespräch mit mir (...) ich sollte den Altersunterschied und die ganz anderen Verhältnisse, in denen ich leben würde, bedenken! (...) ein Zurück gibt es dann nicht mehr, wenn später einmal ein anderer Mann kommen sollte, der mir besser gefällt!" „(...) und wenn ich die Treue verspreche, dann halte ich sie auch", antwortet die so ermahnte Tochter. Das Gespräch findet statt, nachdem der Pfarrer Karl Pietschker den Erfinder und Großindustriellen Werner

Käthe Pietschker (2. Reihe, 2. v.l.) und ihre Familie

von Siemens schriftlich um die Hand seiner Tochter gebeten hat. Sie ist einundzwanzig Jahre alt, ihr späterer Mann sechsunddreißig Jahre.

Über siebzigjährig, schreibt Käthe Pietschker ihre Lebensgeschichte für die Enkelkinder auf. Als Kind eines international bekannten und anerkannten, dazu wohlhabenden Vaters hat sie die typische Bildung einer „höheren Tochter“ genossen. Sie besucht eine Privatschule und verbringt ein Pensionsjahr in der Schweiz, um Englisch und Französisch zu lernen. Danach nimmt sie, gemeinsam mit der älteren Schwester, an der Geselligkeit im elterlichen Hause teil, genießt Theater- und Konzertbesuche und wird von den Eltern auf ihren ersten Bällen in die Gesellschaft eingeführt. Bei Verwandtenbesuchen in England und Russland lernt sie ein Stück von der Welt kennen. Was nun von ihr erwartet wird – das weiß sie –, ist eine standesgemäße Heirat. Hat sie etwas von den unterschiedlich geprägten Aufbrüchen der Frauen ihrer Generation wahrgenommen, von ihrem Streben nach Ausbildung für einen Beruf, von ihrem Anspruch auf Studienzulassung oder Wahlrecht? In ihren Erinnerungen klingt davon nichts an. Sie ist mit der ihr zugedachten Rolle offenbar im Einklang.

Im Familienurlaub auf Sylt im Sommer 1883 begegnet Käthe dem Bornstedter Pfarrer Karl Pietschker zum ersten Mal. Ihn trifft dabei „der Blitzschlag der Erkenntnis“, sie sei die richtige Frau für ihn. Und seine Sicherheit überwindet ihr anfängliches Zögern bald. „Das Gemurmel über meine Verlobung mit einem ganz simplen ‚Dorfpfarrer‘ war natürlich in unserm Kreise sehr groß und wurde erheblich beschwatzt“, erzählt sie. Vielleicht ist die ungewöhnliche Entscheidung, die der großzügige Vater ihr leicht macht, ihr persönlicher Ausdruck von Emanzipation. Schließlich treffen mit dieser Verbindung nach damaligem Verständnis zwei Welten aufeinander.

Karl Pietschker stammt aus Anhalt, wo sein Vater herzoglicher Reitknecht, nach späteren Angaben Schlosskastellan, in Köthen ist. Der begabte Sohn besucht das Gymnasium, studiert Theologie und kann später promovieren. Nun ist er Pfarrer in Bornstedt, der ärmsten Pfründe im Kirchenkreis Potsdam. Hier leben vor allem Gutstagelöhner und Gartenarbeiter. Sie sind zwar verpflichtet, aber weder willens noch in der Lage, ihren Pfarrer für Amtshandlungen mit Geld oder Naturalien zu bezahlen. Der Glanz, der auf Bornstedt fällt, geht vom Krongut aus, auf dem im Sommer der Kronprinz Friedrich III. mit seiner Frau, der englischen Prinzessin Victoria, wohnt. Ein fast freundschaftliches Verhältnis verbindet den zukünftigen Kaiser und den Pfarrer. Der Kronprinz war sehr angetan von einem Bericht Pietschkers über die Schlacht bei Sedan 1870, an der der Theologiestudent als Sanitäter teilgenommen hatte, und ihm gefielen Predigten, die er im Sommerurlaub in Berchtesgaden von ihm hörte. Seine nachdrückliche Empfehlung an den Superintendenten, ihn als Pfarrer nach Bornstedt zu berufen, verfehlt ihre Wirkung nicht.

Als großer Patriot und Verehrer des Königshauses folgt Pietschker dem Ruf gern. Einen besonderen Reiz bildet für ihn die Aussicht, zum Hofprediger berufen zu werden, wenn der ihm gewogene Kronprinz endlich Kaiser geworden ist. Die in der Rückschau so fragwürdige Verbindung von „Thron und Altar" ist ihm, wie den meisten seiner Schicht, selbstverständlich. Leicht ist sein Amt nicht. In den von ihm selber verfassten Protokollen ist immer wieder von Meinungsverschiedenheiten mit dem Gemeindekirchenrat die Rede. Seine Mitglieder weigern sich beharrlich, Geld für das heruntergekommene Haus bereitzustellen, das der Kaiser der Gemeinde als Pfarrhaus geschenkt hat. Es gibt Ärger beim Umbau der Kirche und der Erweiterung des Friedhofs. Die engagierte, sehr energische Kronprinzessin mischt sich mit ihren Vorstellungen und Wünschen in die Auseinandersetzungen ein. Der Pfarrer muss vermitteln und hat doch nur wenig Spielraum. Aber er gibt nicht auf. Bornstedts heutige Bedeutung geht wesentlich auf seinen zähen Einsatz für Kirche und Friedhof zurück.

Und die Gemeinde? Den Pfarrer belastet die mangelnde Moral seiner „Schäfchen". Die Klage darüber nimmt in seinen Berichten am Ende jeden Jahres einen breiten Raum ein. Sorgfältig vermerkt er die Zahl der unehelich getauften Kinder und der Bräute, die bei ihrer Trauung zu unrecht den „Jungfernkranz" trugen. Seine Hausbesuche scheinen nicht selten als „Kontrollgänge" verstanden worden zu sein. In seinem letzten Sitzungsprotokoll erwähnt er eine „Gottschalksche Klage", bei der es der mündlichen Überlieferung nach darum ging, dass ein unverheiratetes Paar ihn wegen Hausfriedenbruchs verklagt hatte.

Vor der Hochzeit von Käthe und Karl im Oktober 1884 wird das Pfarrhaus auf Kosten des Brautvaters aufwendig aus- und umgebaut. Neue Wirtschaftsgebäude entstehen. Ein Badezimmer und Majolikaöfen erregen Staunen und Neid in der Umgebung. Aus der königlichen Regierung kommt ein förmliches Protestschreiben. Dahinter wird die Kronprinzessin vermutet, die im Krongut auf vergleichbaren Luxus verzichten muss. Hat die junge Pfarrfrau das alles wahrgenommen? Hat sie die Kluft zwischen Pfarrhaus und Gemeinde gespürt? Hat ihr Mann sie an seinen Sorgen teilnehmen lassen? Hat sie durch ihre Freundlichkeit seine Strenge gegenüber den Gemeindegliedern ein wenig abmildern können? Hat er ihr von dem Protestschreiben berichtet und von seiner Reaktion darauf? In diesem Fall hat er den Gemeindekirchenrat auf seiner Seite. Schließlich sind die Arbeiten am Pfarrhaus privat finanziert worden.

In Käthes Erinnerungen an die ersten Ehejahre ist von Problemen keine Rede, nur von „ungetrübtem Glück". Die Gemeinde und der Kreis der Pfarrehepaare haben sie freundlich aufgenommen. Drei gesunde Kinder werden geboren. Die in Haushaltspflichten Unerfahrene übt sich im Kochen und berichtet stolz, sie habe Obst eingemacht. Sie engagiert sich in der Leitung des Kaiser-Friedrich-Kinderheims und bei der Einrichtung einer Volksbibliothek mit Büchern „religiöser und vaterländischer Literatur", für die sie später ein Haus bauen lässt. Aber das von ihr im Rückblick wie eine Idylle geschilderte Bild ihres neuen Lebens bekommt bald Flecken. Der Abfluss des zwischen Krongut und Dorf gelegenen Sees ist verstopft, das Grundwasser steigt, der Garten versumpft allmählich. Die angegriffene Gesundheit ihres Mannes – er leidet an Rheumatismus und Malariaanfällen – verschlechtert sich, ihre eigene und die der Kinder ist gefährdet. Der Kaiser stirbt 1888, nach nur neunundneunzig Tagen Regierungszeit. Im gleichen Jahr erklärt Pietschker seiner Behörde, das Pfarrhaus sei „unbewohnbar" geworden. Gibt es da einen Zusammenhang? So wird gefragt. Immerhin sind mit dem Kaiser auch Zukunftshoffnungen seines Pfarrers gestorben. Dass den Ehemann und Vater die Sorge um seine Familie bewegt, verstehen nicht alle. Die Familie zieht im folgenden Sommer aus. Erst später wird eine amtliche Kontrolle des Hauses bestätigen, dass das Haus unzumutbar geworden ist.

Nach einigen Umzügen lässt Werner von Siemens der Familie eine repräsentative Villa auf dem Mühlenberg bauen. Der königliche Baurat March hat sie entworfen. Aus Backstein und hellem Sandstein und mit viel Glas gehört sie nach ihrer Restaurierung heute wieder zu den schönsten Stadtvillen des Jugendstils in Potsdam. Mit dem Einzug im Herbst 1891 hat das Leben „in ganz anderen Verhältnissen" ein Ende. In dem Rahmen, der ihr entspricht, lebt Käthe auf. Sie gestaltet das Haus und das Leben darin, wie sie es aus ihrer Kindheit und Jugend kennt. Sie richtet einen „jour fixe" ein, der bald bei vielen Potsdamern beliebt wird. Sie organisiert Lesungen, Vortragsabende und Hauskonzerte. Sie singt wieder, und sie genießt die Anerkennung, die ihr, der Schüchternen, zuteil wird. „Mein guter Mann, glaube ich, bekam es mit der Angst, ich könnte ob all der Anerkennung und der Erfolge eitel werden und fing an, mich scharf zu bekritteln. Aber darin täuschte er sich", schreibt sie. Drei Jahre lang bleibt er noch Pfarrer seiner Gemeinde, in die ihn nun eine Kutsche bringt. Seine beiden jüngsten Kinder tauft er in der eigenen Hauskapelle.

Das Verhältnis zur Gemeinde ist durch die räumliche Entfernung und durch die zunehmende soziale Entfremdung belastet, und das wiederum belastet ihn. Sein Herzleiden verschlimmert sich. 1894 bittet er um seine Versetzung in den Ruhestand. Das Konsistorium befindet, er sei zu jung dafür und weigert sich, die ihm zustehenden Versorgungsbezüge zu zahlen. Er nimmt das hin. Nun kann er seinen vielfältigen künstlerischen Interessen nachgehen und seine Sammlungen pflegen und erweitern. Als die Sammelleidenschaft überhand nimmt, werden ihm zwei Kellerräume für seine Schätze eingeräumt, denn, so schreibt Käthe: „Ein Museum wollte ich mir aus meinen Wohnräumen nicht machen lassen." Dass er mit seiner Situation zufrieden war, ist schwer vorstellbar. Er hat sein Amt bis zuletzt mit großem Engagement geführt, und ist doch immer wieder missverstanden und enttäuscht worden. Karl Pietschker stirbt 1906, seine Frau wird ihn um dreiundvierzig Jahre überleben.

Im Haus auf dem Mühlenberg begleitet die nun allein erziehende Mutter die Entwicklung und Ausbildung ihrer sechs Kinder sorgfältig. Sport, Naturheilmethoden und gesundheitsbewusste Ernährung spielen eine für damalige Verhältnisse ungewöhnlich große Rolle. Die Mutter macht mit den Kindern viele gut vorbereitete Reisen, von denen sie noch im Alter lebendig und präzis zu erzählen weiß. Immer geht es ihr auch darum, ihnen soziales Verhalten zu vermitteln. So werden sie angehalten, für die jährlichen Weihnachtsbescherungen von mehr als fünfzig Kindern Geschenke beizusteuern, die sie von ihrem Taschengeld bezahlt haben. Die beiden jüngsten Töchter machen Rot-Kreuz-Kurse und sind im Ersten Weltkrieg als Krankenschwestern im Einsatz.

Zwei herbe Einschnitte erschüttern Käthe Pietschkers Leben. 1911 stürzt der 1887 geborene älteste Sohn mit einem selbst entwickelten Eindecker ab. Er hat als Kind den Eltern Sorge gemacht, weil ihm die Schule zuwider war. Dafür hat er die Erwachsenen immer wieder mit seiner wohl vom Großvater geerbten technischen Intelligenz, mit eigenen Ideen und Erfindungen verblüfft. Nach seinem Tod erinnert sich die Mutter an ein Gespräch mit ihm. „Es empörte ihn so sehr, dass Potsdam noch keine anständige Badeanstalt hätte und noch so zurück in der Kultur sei (...), ob ich nicht der Stadt eine Badeanstalt errichten könne." Sie könne sein Erbe dafür verwenden, da er später bestimmt einmal genug verdienen werde. Die Mutter lehnt zunächst ab, um nun nach seinem Tod seinem Wunsch zu entsprechen. Von dem angesehenen Architekten Baumgarten lässt sie in der heutigen Hegelallee ein Jugendstilhaus bauen, das als „Reinigungs- und Volksbad" schon im Dezember 1913 eröffnet werden kann. Das „Werner-Alfred-Bad" ist ein sehr solide und großzügig gestaltetes Geschenk an die Stadt und ihre Bevölkerung.

Arnold, das in ihren Augen besonders liebenswerte jüngste Kind, fällt zu Beginn des Ersten Weltkriegs. Wieder reagiert die tieftraurige Mutter ihren Schmerz auf ungewöhnliche Weise ab. Im ihr zur Verfügung gestellten Haus der Loge „Teutonica" richtet sie ein Genesungsheim für siebzig Kriegsverletzte ein. Sie übernimmt die Kosten für Einrichtung, wirtschaftliche Leitung und Pflege. Ihre Tochter Dorothea arbeitet an verantwortlicher Stelle mit. Das Haus wird aufgelöst, als nach dem Zusammenbruch des Kaiserreichs 1918 Soldatenräte Einfluss auf die Patienten zu nehmen versuchen.

Die Reaktion auf den Tod der beiden Söhne wirft ein bezeichnendes Licht auf Käthe Pietschkers Charakter. Als sie davon erzählt, sind Jahrzehnte vergangen, und der Schmerz ist abgemildert. Aber auch, als er akut war, hat sie sich nicht vergraben und ist nicht bitter geworden. „Größer als der Helfer ist die Not ja nicht" – an diese schlichte Glaubensüberzeugung hat sie sich gehalten. Sie hat ihre Trauer in Aktivitäten umgesetzt, die anderen Menschen zugute kamen. Am großen Grabmal der Familie auf dem Bornstedter Friedhof erinnern zwei Bronzeplaketten an die früh verstorbenen Söhne.

Mit dem Ende des Kaiserreichs bricht auch für Käthe Pietschker eine Welt zusammen. Von den hoffnungsvollen demokratischen Ansätzen der Regierungen bis 1932 hat sie so wenig Notiz genommen wie die meisten Deutschen. Sie erlebt und beschreibt den „schmachvollen Versailler Frieden" und den „trostlosen Wirrwarr in unserer Obrigkeit" ganz konventionell. Auf materielle Einschränkungen während der Inflationszeit reagiert sie pragmatisch: In den leeren Pferdestall werden Milchkühe gestellt, für Eier sorgen eigene Hühner, und der Gärtner baut nun Gemüse an. Aus der Zeit bis zum Beginn des Zweiten Weltkrieges berichtet „Gromi", wie sie von den Enkelkindern genannt wird, ihnen vorwiegend Privates. Sie erzählt ausführlich und liebevoll von der Entwicklung der immer zahlreicher werdenden Familienmitglieder, von Hochzeiten, Taufen und Todesfällen, beschreibt den Umbau ihres Hauses und ihre Reisen.

Die Aufzeichnungen enden 1944. Einige bewegende Briefe aus den April- und Maitagen 1945 sind ihnen angefügt. Auch als Potsdam bombardiert und beschossen wird, als es an vielen Stellen brennt, als russische Soldaten den Garten verwüsten und die vielen Frauen im Haus ihren Übergriffen ausgesetzt sind, schlägt sie keine larmoyanten Töne an, sondern beschreibt, was sich abspielt und bemerkt schlicht: „Zu welch schrecklichem Ende uns die Partei geführt hat, die unter Hitler einst so vielversprechend begann." Bis zu ihrem Tod 1949 kann sie in ihrem Haus, in dem nun russische Offiziere einquartiert sind, wohnen bleiben. Ihre jüngste noch lebende Enkelin berichtet, das Zusammenleben sei von gegenseitigem Respekt bestimmt gewesen.

Käthe Pietschker war ein Kind ihrer Zeit und der gesellschaftlichen Schicht, der sie entstammte. Sie nahm als gegeben hin, dass es höhere und niedere Stände gab und hat über gesellschaftliche Strukturen, soziale Missstände und Ungerechtigkeiten nicht reflektiert. Was an ihr beeindruckt, ist die wie selbstverständlich geübte Großzügigkeit, mit der sie andere an ihrem Wohlstand teilhaben ließ. Privilegien verpflichten – diese Maxime hatte sie offenbar verinnerlicht. Sie hat nach ihr gelebt, ohne sich damit zu brüsten. Bis zuletzt wollte sie „ein Beispiel an Zuversicht und unerschütterlichem Gottvertrauen" sein.

Asta von Oppen

Lily Braun (1865–1916)

„Wissen Sie eigentlich, in was für eine Familie Sie einheiraten?" Mit dieser Frage und einem viel sagenden Blick wurde mein Mann bei unserem Antrittsbesuch als jung Verlobte von einer Tante empfangen. Von diesem Augenblick an begann ich mich für meine Vorfahrin Lily Braun zu interessieren. Als ich 1988 mein Theologiestudium in Bonn

Lily Braun (r.) mit Rosa Luxemburg auf der Konferenz der sozialdemokratischen Frauen in Mannheim, 1906 aufnahm, begegnete mir die Großtante in Gestalt eines Wahlaufrufs: „Die rote Lily", stand darauf. An der Universität fanden ASTA-Wahlen statt und eine feministische Partei hatte Lily Braun zu ihrer Galionsfigur erkoren. Im Rahmen der Übersiedlung der Bundesregierung zogen auch wir nach Berlin. Hier war ich nun meiner Vorfahrin ganz nahe gerückt. Ich wusste, dass Lily Braun in Berlin gestorben war. Aus meinen Unterlagen ging hervor, dass sie am Ende ihres Lebens mit ihrer Familie eine Villa in Kleinmachnow bewohnt hatte. So machte ich mich eines Tages auf den Weg zu dem alten Villenvorort Berlins. Und siehe da, im hinteren Gartenbereich des Hauses am Erlenweg entdeckte ich einen großen, grauen, im klassischen Stil behauenen Stein. Das Reliefbild stellte eine Mutter dar, die ihren Sohn willkommen heißt. Hier also hatten Lily Braun und ihr Sohn Otto ihre letzte Ruhestätte gefunden.

Wer war diese Frau, die in meiner Familie in der Generation meiner Großeltern noch so umstritten war? Lily von Kretschmann kam am 2. Juli 1865 in Halberstadt in einer preußischen Offiziersfamilie zur Welt. Vom Vater wurde gesagt, dass er zu Gefühlsausbrüchen neigte, während Lilys Mutter eine kühle, strenge Frau gewesen sein musste. Ihr Ziel war es, ihrer Tochter Disziplin und Selbstbeherrschung beizubringen. Denn Lily entwickelte sich zu einem temperamentvollen und leidenschaftlichen jungen Mädchen, das gern auf Feste ging und mit großem Vergnügen das Tanzbein schwang. „Herrlich amüsiert!", notierte sie immer wieder in ihr Tagebuch. Während Lily im Winter Diners und Bälle in Halberstadt genoss, verbrachte sie die Sommermonate bei ihrer geliebten Großmutter Jenny von Gustedt auf dem Lande. „Am liebsten möchte ich noch ein paar Jahre frei und fröhlich leben und dann den Klappermann mit der Sense wählen", schreibt sie an ihre Cousine Mathilde. Lily erkennt früh die zwei Seiten ihres Lebens. Sie genießt alle Vergnügungen, aber verspürt auch die Schalheit mancher Freuden: „Ich fühle meine Eitelkeit und Herrschsucht befriedigt, aber die bessere Seite meines Selbst geht verzweifelt leer aus (...) und doch freue ich mich dieses sonnigen Lebens."

Dieses Gefühl der Leere vertreibt Lily mit der Lektüre wissenschaftlicher Werke. „Ich bin in meinen Studien der Kulturgeschichte beim fünften großen Werk angelangt. Nur eins schmerzt mich fast bis zur Verzweiflung: Dass ich nur Zuschauer bin und weder beim Niederreißen des Alten noch beim Aufbauen des Neuen tatkräftig eingreifen kann." Und sie schreibt ihrer Lieblingscousine: „Arbeiten möchte ich, irgend etwas leisten, das mich ganz und gar in Anspruch nimmt. Ich beneide den Steinklopfer auf der Straße, der abends wenigstens arbeitsgesättigt todmüde auf seinen Strohsack sinkt."

Lily war unglücklich. Eine große Liebe hatte sich zerschlagen, und sie fragte sich: „Ist wirklich das Schicksal des Weibes nur der Mann? Und hat es kein Recht auf eigenes Leben?" Als die Eltern in den Harz ziehen, entschließt sich Lily, nach Berlin zu gehen. Dort begegnet sie Georg von Gizycki. Er ist Professor für Philosophie und Ethik an der Universität und Herausgeber der Zeitschrift *Ethische Kultur.* Gizycki macht Lily mit dem sozialistischen Gedankengut vertraut. Er zweifelt an der Existenz Gottes angesichts des unverschuldeten Elends in der Welt. Die Richtschnur und der Prüfstein für das sittliche Handeln ist das größtmögliche Glück der großen Mehrheit. Auch Lily hatte Zweifel, was ihren Glauben betraf. Gizycki wird Lilys ständiger Gesprächspartner, Lehrer und Freund. Lily vertieft sich in philosophische Studien und macht sich mit den Gedanken der Gesellschaft für Ethische Kultur vertraut. Sie meint gefunden zu haben, was sie stets ersehnt hat: „Vertrauen auf das Gute im Menschen. Sich stützen auf die eigene Kraft ohne Hoffen auf Gott, Befreiung von Dogma und Kirche und vor allem eine Aufgabe." Weiter heißt es: „Nicht die Macht außer Dir führt die Menschen, Du selbst trägst die Verantwortung. Nicht auf ein fabelhaftes, zukünftiges Leben, von dem wir nichts wissen, vertröstet Gott die Armen und Elenden, sondern Du selbst hast für den Staat der Zukunft zu kämpfen."

Lily hatte sich zuvor mit Fragen der Politik und des Sozialismus wenig beschäftigt. Doch dann schreibt sie: „Ich stehe jetzt auf dem Standpunkt, mich im Angesicht des grenzenlosen Elends um mich her jedes Luxusgegenstandes zu schämen, der nicht auf irgendeine Weise dem Wohl der Menschheit zugute kommt. Das ist die große Umwandlung, die Gizycki in mir vollbracht hat." Lily heiratet 1893 Georg von Gizycki, einen Mann, der von Kindheit an schwächlich und inzwischen an den Rollstuhl gefesselt war. Lilys Eltern sind ganz und gar gegen diese Verbindung, zumal Gizycki siebenundvierzig Jahre älter ist als Lily. Doch Lily ist vollkommen überzeugt, dass dies die richtige Entscheidung für ihr Leben ist: „Im übrigen bin ich sehr glücklich durch meine innige Verbindung mit dem Mann, dessen unglücklichen Körper ich über seinem herrlichen Geist ganz vergessen habe, während ich früher über dem herrlichen Körper den Geist vergaß und erst erkannte, wenn es zu spät war." Lily ist jetzt achtundzwanzig Jahre alt und wird Mitherausgeberin der Zeitschrift *Ethische Kultur*. „Endlich eine Aufgabe!" Lily tritt dem Verein für Frauenrecht bei und bringt die erste Nummer der *Frauenfrage* heraus. Gizycki veröffentlicht darin einen Artikel zum Frauenstimmrecht.

Zu Lilys großem Unglück stirbt Gizycki schon nach zwanzigmonatiger Ehe im Frühjahr 1895. Der Glaube an die Menschen und an die Erfüllbarkeit der Ideale hier auf Erden hatte Lily nach dem Tod ihres Mannes wieder aufgerichtet. Lily stellt ihre Tätigkeit als Herausgeberin der *Ethische Kultur* ein und tritt der Sozialdemokratischen Partei bei. „Die Sozialdemokratie ist die einzige Partei, die für die Gleichberechtigung des weiblichen Geschlechts eintritt." Lily beschäftigt sich weiterhin mit der Frauenfrage und fährt zu einem internationalen Frauenkongress nach London. Dort begegnet sie George Bernhard Shaw und tritt in einen regen Gedankenaustausch mit ihm. „Es ist nicht wahr, dass der Klassenkampf das Grundelement der sozialistischen Bewegung ist. Es waren und sind die revolutionierenden Söhne der Bourgeoisie selbst, die die rote Fahne entfalteten. Der Hunger der Armen treibt zur Revolte, der Geist allein zur Revolution. Im Grunde sind die Arbeiter das konservativste Element im Staat, und wir Freigelassenen der Bourgeoisie sind dazu da, sie aufzurütteln." Diese Worte George Bernard Shaws beeindrucken Lily sehr.

Als sie nach Deutschland zurückgekehrt ist, entwickelt sie den Plan, einen „Zentralausschuss für Frauenarbeit" zu gründen. In diesen Ausschuss sollte auch die bürgerliche Frauenbewegung eingebunden werden. Doch damit erregt sie das Missfallen von Clara Zetkin, der Leiterin der proletarischen Bewegung und Herausgeberin der Frauenzeitschrift *Gleichheit*: „Was Sie da vorschlagen, das kann jede Frauenrechtlerin auch. Es zeigt, dass Sie mit der bürgerlichen Gesellschaft noch nicht gebrochen haben und deshalb können wir kein rechtes Vertrauen gewinnen. Der politische Kampf ist für uns das A und O. Darum ist jede Harmonieduselei mit bürgerlichen Elementen vom Übel und kann nur verwirrend wirken, den Klassenkampfcharakter unserer Bewegung verwischen. Nicht die Gegensätze überbrücken, wie bürgerliche Idealisten und Ethiker wünschen, sondern sie auf das Schärfste betonen, ist für uns die Hauptsache. Reinliche Scheidung – ohne Konzession."

Lily erweckt aufgrund ihrer Herkunft immer wieder Misstrauen in den sozialdemokratischen Kreisen. Doch einer fasst Vertrauen zu ihr: Dr. Heinrich Braun. Der Sozialdemokrat Heinrich Braun ist ein freier Schriftsteller, unabhängig und unbürgerlich in seinen Ansichten, gütig und hilfsbereit gegenüber Notleidenden. Lily ist fasziniert von seiner Persönlichkeit und sehr glücklich. Sie liebt ihn, wie sie noch nie einen Menschen geliebt hat, und wird, nachdem sich Braun hat scheiden lassen, seine Frau. Sie beziehen eine schöne Wohnung in Berlin und gründen gemeinsam die Zeitschrift *Die Neue Gesellschaft*. Schon bald meldet sich Nachwuchs an, und Lily bekommt einen Sohn, den sie Otto nennt. Mit großer Liebe widmen sich beide der Erziehung des Kindes.

Weiterhin beschäftigt sich Lily mit der Frauenfrage. Auf einem Kongress in Zürich befürwortet sie in einem Vortrag die Frauenarbeit: „Die Berufsarbeit der Frau ist die Grundlage ihrer sozialen Befreiung. Arbeit ist ihre Menschwerdung." Weiter heißt es: „Wir wollen die Frauenarbeit um unserer Selbstbefreiung willen, um einer künftigen Neugestaltung der Familie willen, die die ökonomische Unabhängigkeit des Weibes zur Voraussetzung hat." Heinrich Braun schlägt Lily vor, ein Buch zur Frauenfrage zu schreiben, das von einer Darstellung der tatsächlichen Verhältnisse ausgehen sollte und das die wirtschaftliche, soziale und rechtliche Lage der Frau zu behandeln hätte.

Lily gründet im Winter 1899 einen Arbeiterinnenbildungsverein. Sie propagiert die Entwicklung des Dienstmädchens zu einer freien Arbeiterin, die stundenweise beschäftigt und entlohnt werden sollte. Mit ihrem Eintreten für die Dienstmädchen verärgert Lily nicht nur ihre Mutter, sie findet auch wenig Unterstützung bei ihren Kampfgenossen. „Ich fange an zu fürchten, dass ich kein Recht habe, Genossin zu sein. Ich bin ja auch kein Christ. Hingabe an den Willen Gottes bis zur Selbstentäußerung fordert das Christentum. Hingabe an den Willen der Massen der Sozialismus. Ob es zwischen dieser Forderung und dem Persönlichkeitsrecht eine Brücke gibt, das weiß ich im Augenblick ebenso wenig, als wir es in der Partei wissen." Aus finanziellen Gründen müssen die Brauns ihr schönes Zuhause im Grunewald aufgeben. Die Zeitschrift *Die Neue Gesellschaft* findet nicht genügend Abnehmer.

Lily gewinnt aufgrund ihres Mutterseins eine neue Einstellung zur Frauenarbeit: „Indem sich die Frauenarbeit ausdehnt, untergräbt sie zu gleicher Zeit die alte Form der Familie, erschüttert die Begriffe der Sittlichkeit, auf denen der Moralkodex der bürgerlichen Gesellschaft beruht, und gefährdet die Existenz des Menschengeschlechts, deren Bedingung gesunde Mütter sind. Es bleibt der Menschheit schließlich nur die Wahl: entweder sich selbst oder die kapitalistische Wirtschaftsordnung aufzugeben." Als Konsequenz aus dieser Erkenntnis plant Lily die Gründung einer Mutterschaftsversicherung. Diese Versicherung sollte Mutter und Kind zumindest für einige Wochen vor und nach der Geburt schützen.

Gleichzeitig entwickelt Lily Vorstellungen zu einer „Hausgenossenschaft". Ihr schweben Mehrfamilienhäuser vor, in denen die Reinigung bezahlten Angestellten und die Gesamtleitung einer erfahrenen Wirtschafterin anvertraut wird. Eine Zentralküche sollte für den Ernährungsbedarf aller Familien sorgen, und es sollten Kinderkrippen eingerichtet werden, damit die Kinder während der Arbeitszeit ihrer Eltern beaufsichtigt und versorgt wären. Mit der Befreiung von der doppelten Arbeitslast, nämlich der Hausarbeit und der außerhäuslichen Erwerbstätigkeit, würde einer der wichtigsten Teile der Frauenfrage ihrer Lösung entgegengeführt werden. Zusätzlich plante Lily, die Arbeitszeit generell herabzusetzen, damit nicht nur die Mütter, sondern auch die Väter ihre Kinder erleben könnten. Diesen Gedanken zur Frauenfrage bleibt Lily bis zu ihren letzten Lebensjahren treu.

Im Wahlkampf zum Reichstag 1903, bei dem auch Heinrich Braun kandidiert, erweist sich Lily als begabte Volksrednerin. Heinrich Braun wird in den Reichstag gewählt. Dennoch hat das Ehepaar weiterhin große finanzielle Schwierigkeiten. Ihre eigentliche Erwerbsquelle, der Verkauf ihrer Zeitschrift *Die Neue Gesellschaft*, ist kein Erfolg. Lily schreibt eifrig neue Beiträge, und darüber wandelt sich ihre Ansicht: Hatte sie früher die Betonung auf die Gemeinschaft gelegt, so nunmehr auf die Bedeutung der einzelnen Persönlichkeit: „Der Sozialismus ist ebenso die notwendige Voraussetzung des Individualismus, wie der Individualismus die notwendige Ergänzung des Sozialismus sein muss."

Im Oktober 1907 bricht die Zeitschrift erneut zusammen. Inzwischen sind beide Elternteile von Lily gestorben, und mit Zustimmung ihrer Schwester Mascha veröffentlicht Lily die Kriegsbriefe ihres Vaters, des Generals Hans von Kretschmann, der sie aus dem Krieg 1870/71 in Frankreich an seine Frau geschrieben hat. Sehr intensiv und ausführlich beschreibt der Vater darin die Gräuel des Krieges, so dass sich Lily aus ihrer pazifistischen Grundhaltung heraus gedrängt fühlt, diese Beobachtung einer breiteren Öffentlichkeit nicht vorzuenthalten. Die Kriegsbriefe erscheinen in Deutschland als *Kriegsbriefe 1870/71* und in Frankreich unter dem Titel *Lettres de Kretschman*. Sie sind ein großer Erfolg, aber Lilys Familie und die entsprechenden Offizierskreise sind entsetzt.

Lilys schriftstellerische Begabung stellt sie erneut unter Beweis, indem sie die Lebensgeschichte ihrer Großmutter herausgibt. Jenny von Pappenheim war die außereheliche Tochter des Königs von Westphalen, Jérôme Napoléon. So handelt der erste Abschnitt dieser Erinnerungen von der Persönlichkeit ihres Vaters und vom Leben in Paris und am französischen Hof. Der zweite Abschnitt beschäftigt sich mit dem Leben der Großmutter in Weimar. Dort beschreibt sie vor allem die enge Freundschaft der Großmutter zu Johann Wolfgang von Goethe. Das Buch, das auf der Basis einer großen Briefsammlung entstand, veröffentlicht Lily unter dem Titel *Im Schatten der Titanen*. Es wird ein Riesenerfolg und löst vorübergehend sämtliche finanziellen Probleme. Nur die Parteigenossen kritisieren sie. Lily bemerkt dazu: „Ich weiß jetzt, dass sie mir in Wahrheit nichts anhaben können und ich gräme mich nicht mehr über Urteile wie diese, weil ich sie verstehe. Ja, ich verstehe sie, uns trennt ein unüberbrückbarer Abgrund, der der inneren Kultur. Wie die Genossinnen sich ständig über mein Äußeres ärgerten, weil ich eben anders war als sie, so muss der Durchschnitt der Genossen an meinem Wesen Anstoß nehmen."

Dennoch haben sich Lilys Reformvorstellungen teilweise durchgesetzt. Die „Dienstbotenbewegung" ist im Gang. Die „Mutterschaftsversicherung" ist zur Forderung der Partei geworden, die „Haushaltungsgenossenschaft" steht wenigstens auf dem Diskussionsprogramm, selbst jene „Zentralstelle der Arbeiterinnenbewegung" war vor ein paar Jahren geschaffen worden und funktionierte hervorragend. Lily bemerkte zu dieser Bilanz: „Meine Arbeit ist nicht nutzlos gewesen."

1906 zieht sich Lily aus der Politik zurück und widmet sich nur noch ihrer schriftstellerischen Tätigkeit. 1909 erscheint der erste Band ihres autobiografischen Romans *Memoiren einer Sozialistin*. Sie nennt ihn *Lehrjahre*. 1911 kommt der zweite Band heraus mit dem Titel *Kampfjahre*. Mit diesen Memoiren festigt Lily über ihren Tod hinaus ihren Rang als Chronistin und als Vorkämpferin der Frauenrechtsbewegung.

Sie schreibt noch einige Romane, unter anderem *Die Liebesbriefe der Marquise* und *Lebenssucher.*

Doch dann beginnt der Erste Weltkrieg. Als ihr Sohn eingezogen und an die Front geschickt wird, schreibt Lily an ihn: „Wenn Dir weh zu Mute ist, dann vergiss nicht, mein Liebstes, dass Du für den ‚Frieden auf Erden' kämpfst." Lily Braun stirbt am 9. August 1916. Sie hat den Tod ihres Sohnes am 29. April 1918 bei Marcelcave im Nordosten Frankreichs nicht mehr erlebt. Der Sohn Otto hinterlässt eine Vielzahl von Briefen, Tagebuchaufzeichnungen und eindrucksvollen Gedichten, die unter dem Titel *Otto Braun – Aus nachgelassenen Schriften eines Frühvollendeten* 1920 in der Deutschen Verlagsanstalt veröffentlicht werden. Lily und Otto Braun werden nach dem Krieg gemeinsam unter den alten Eichen im väterlichen Garten beigesetzt.

1947 wird in Berlin eine Oberschule nach meiner Vorfahrin Lily-Braun-Oberschule benannt. Was kann die Patronin für die heutige Jugend bedeuten? In der Jubiläumsbroschüre der Schule aus dem Jahr 1987 heißt es: „Es gibt soviel Erquickliches bei ihr zu lernen für die eigene Lebensgestaltung, für lebendige Neugier als Motor zu ständigem (Neu-) Lernen, für die Ermutigung zu Zivilcourage und Engagement im öffentlichen Leben (...)."

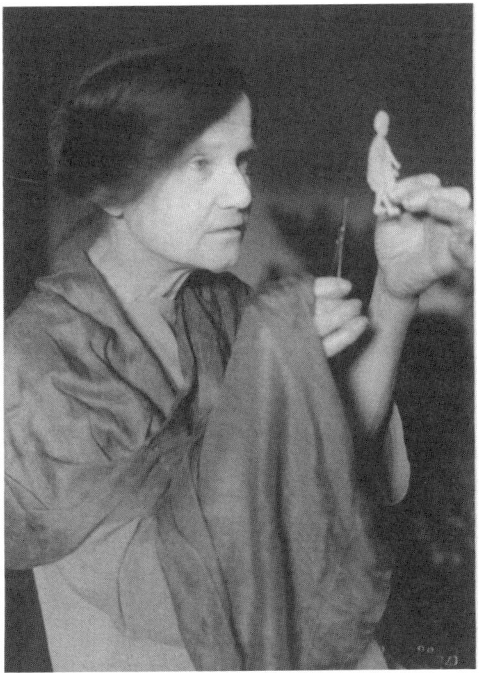

Gudrun Mohr

Johanna Beckmann (1868–1941)

Eines der beiden Fotos, die bisher von der Künstlerin Johanna Beckmann ausfindig gemacht werden konnten, zeigt ein schmales Persönchen mit zartem Mädchengesicht, das volle Haar in lockerem Knoten zusammengesteckt. Die Hände führen eine kleine Schere, das wichtigstes und wertvollstes Werkzeug einer Scherenschnittkünstlerin. Doch Johanna Beckmann war nicht nur das. Pflanzenzeichnerin, Porzellanmalerin, Botanikerin und Schriftstellerin dürften ebenso rich-

Johanna Beckmann

tige Tätigkeitsbezeichnungen sein. Vielseitig und begabt wie sie war, fand sie bereits zu Lebzeiten einen ehrenvollen Platz in renommierten Personenlexika. Trotzdem. Das Wort vom „verwehten Leben" trifft gerade auf sie und die Geschichte ihres Werkes zu, denn wer von uns kennt schon ihre meisterlichen Scherenschnitte, ihre liebenswürdigheiteren Verse oder die mahnenden Worte ihrer naturphilosophischen Betrachtungen? Letztere sind heute aktuell wie nie zuvor.

Sie veröffentlichte zwischen 1905 und 1930 rund dreißig Bücher, die allermeisten mit eigenen Texten versehen, teilweise handschriftlich in der von ihr entwickelten „Beckmann-Schrift" ausgeführt und natürlich mit ihren Filigranen aus schwarzem Papier illustriert. Aber auch den schmerzlichen Prozess des Vergessenwerdens musste Johanna Beckmann ertragen lernen. Anlässlich ihres sechzigsten Geburtstags schrieb sie, auf sich und ihr Werk zurückblickend: „Du bist müde geworden. Die treuen Augen erloschen, die Hände erkaltet, die einst dich führten. Du bist allein. Muss Dein Werk Dir versinken? Du hast Deine Pflicht nicht getan, wenn Du Dein Wirken den Menschen nicht bringst ..." Das Übrige an Vergessenwerden besorgten die Zeitläufe, das so genannte Dritte Reich und der Zweite Weltkrieg.

Doch gründliche Spurensuche brachte die Anhaltspunkte für den folgenden Lebenslauf zu Tage: Johanna Beckmann wurde am 3. Mai 1868 auf dem Gut Butterholz bei Brüssow (Uckermark) geboren. Ihr Vater, Wilhelm Eduard Johann Beckmann (1837–1892), war damals Pächter oder Besitzer des Gutes. Die Mutter Charlotte Marie Beckmann geb. Bergell (1836–1920) stammte aus dem Domanialgut Quastenberg bei Stargard in Mecklenburg-Strelitz. Bald muss die Familie dorthin umgezogen sein, denn in Stargard verbrachte Johanna Beckmann ihre Kinder- und Jugendzeit. Sie wurde am 22. März 1883 in der Stargarder Johanneskirche konfirmiert. Im April 1886 nahm sie eine Berufsausbildung in Berlin auf. Wir finden sie als Schülerin an drei bekannten Kunstschulen, zuerst an der Unterrichtsanstalt des Königlichen Kunstgewerbemuseums, danach wechselte sie an die Königliche Kunstschule über und schließlich legte sie 1889 an der Zeichenschule des Lette-Vereins das Examen als Zeichenlehrerin ab. Nur kurze Zeit arbeitet sie als Zeichenlehrerin in Stettin und Berlin. Bereits im November 1891 nahm Johanna Beckmann eine Tätigkeit als Gestalterin und „Silhouetten-Malerin" an der Königlichen Porzellan-Manufaktur (KPM) in Berlin auf. Hier verbrachte sie über zwanzig erfolgreiche berufliche Jahre.

In ihrer Ausbildung waren ihr vor allem die Ausdrucksformen des Historismus nahe gebracht worden. Er hatte das Kunstgewerbe, die Architektur, die Buchkunst der Gründerzeit bestimmt. Einige erhalten gebliebene ältere Arbeiten Johanna Beckmanns sprechen sowohl für die fundierte Ausbildung als auch für den Zeitgeschmack, den sie mit diesen Arbeiten bediente. Es sind beispielsweise Mustervorlagen für kunstgewerbliche Heimarbeiten, veröffentlicht in Zeitschriften wie *Daheim*, und für das künstlerisch ambitionierte Handwerk, wofür die anspruchsvollen Bände *Dekorative Vorbilder* sprechen, die von 1894 an in Stuttgart erschienen.

Als Mitarbeiterin der KPM musste sich Johanna Beckmann eine völlig neue Stilrichtung erschließen, den Jugendstil. Er hielt gerade Einzug in die Ateliers der Manufaktur, als Johanna Beckmann dort tätig war. Einer guten Bekannten vertraut sie an, dass es ihr nicht leicht gefallen sei, den „geliebten Renaissance-Akanthus“ und den „ornamentalen Stil“ zu verlassen. Doch die Vorliebe des Jugendstils für alles „Organische“, besonders für die Pflanzensymbolik, kam ihren künstlerischen Vorstellungen entgegen. Das zeigte sich beispielsweise im reichhaltigen Scherenschnittschmuck ihres Buches *Das Feuer.* Überhaupt setzten die anspruchsvollen buchgestalterischen Vorstellungen des Jugendstils für Johanna Beckmann Maßstäbe. Sie fühlte sich der favorisierten künstlerischen Einheit von Text, Illustration, Schriftsatz, Schrifttyp, Einband, Papierqualität und sonstigem Buchschmuck sehr verpflichtet. Ihre ersten größeren Werke bezeugten das sehr schön (1905 *Natur – Vom Wollen und Walten*; 1906 *Wichtelmännchen*; 1906 *Jedem das Seine – Schwarzbilder und Sprüche* u. a.). Dazu gesellten sich die Bestrebungen der Reformpädagogik jener Jahre, die u. a. der Kinderbuchillustration zu neuer Blüte verhalfen. Als ausgebildete Zeichenlehrerin konnte sich Johanna Beckmann mit solchen Zielen identifizieren. Dafür spricht ihre Zusammenarbeit mit dem Charlottenburger Lehrerverein. Dieser würdigte im Vorwort zur Schülerausgabe von *Andersens Märchen* (1909) nicht nur die große Leistung, welche die Künstlerin mit ihren Scherenschnitt-Illustrationen unter Beweis stellte, sondern ausdrücklich deren „besonderen verdienstvollen Anteil“ an einer zeitgemäßen Textfassung. Sie illustrierte auch erfolgreich Texte anderer Autoren, u. a. von Storm, Goethe, Eichendorff.

Schon als Kind hatte sich Johanna Beckmann dem Scherenschnitt verschrieben und entwickelte in dieser grafischen Technik eine solche

Meisterschaft, dass sich in Berlin namhafte Galeristen für ihre Scherenschnittbilder interessierten. 1895/96 stellte sie beispielsweise im angesehenen Kunstsalon von Eduard Schulte aus. Weitere Ausstellungen folgten, u. a. in Hamburg, Dresden, Karlsruhe. Mit den genannten Mustervorlagen für kunstgewerbliche Heimarbeiten, veröffentlicht in Zeitschriften und Fachbüchern, macht die Künstlerin ebenfalls auf sich aufmerksam. Sie arbeitete für mehrere Kunst-, Familien- und Jugendzeitschriften, u. a. für *Westermanns Monatshefte* oder *Über Land und Meer.*

Um 1900 gewann der bedeutende Landschaftsgärtner, Fachschriftsteller und Herausgeber Max Hesdörffer die vielseitige Künstlerin und kenntnisreiche Botanikerin für die Mitarbeit an seiner weit verbreiteten Fachzeitschrift *Die Gartenwelt.* Johanna Beckmann zeichnete hier mit kühnem, breitem Pinselstrich farbige Blumenbilder und ganzseitige Bildtafeln. Durch ihre großzügig und farbenprächtig gestalteten Blütenbilder wurde sie so bekannt, dass der erfolgreiche Handelsgärtner und Züchter Georg Bornemann aus Blankenburg/Harz einer neuen Pelargoniensorte ihren Namen gab. Als er seine neue Züchtung in der *Gartenwelt* vorstellte, begründete es seine Namensvergabe mit folgenden Worten: „Die Malerei hierzu verdanken wir Fräulein Johanna Beckmann, die durch ihre geschickten und äußerst naturgetreuen Darstellungen aus dem Reiche Floras die Leser der *Gartenwelt* schon oft erfreut hat. Ihr widme ich diejenige meiner Züchtungen, welche die größten Blumen hat.“

Während ihrer kreativsten Jahre konnte sich Johanna Beckmann großer Beliebtheit erfreuen. Viele zollten ihrem Werk Anerkennung. Sie erhielt 1913 das begehrte Rom-Stipendium und verbrachte einige Wochen in der Villa Falconieri in Frascati bei Rom, besuchte Florenz und Venedig. Jahre vorher (1906) hatte sie sich auf einer Nordlandreise schon in Schottland, Island und Norwegen umgesehen. Obwohl sie seit 1886 fast ununterbrochen in Berlin lebte, ist aus ihr nie eine wirkliche Großstädterin geworden. Nichts war vergleichbar mit der Stargarder Kinderwelt, ihrer Zuflucht im Mecklenburgischen. Hier fand Johanna Beckmann Ruhe, Muße, empfing unendlich viele Anregungen auf Streifzügen durch Wiesen, Wälder und auf der alten Burg. Aus diesen Angeboten der Natur schöpfte sie in der bildenden wie in ihrer Dichtkunst: „Und die Blumen, die mit mir gewesen sind all die Jahre, freundlich mich erquickend, wenn mir die Scherben zu kalt und öde waren, nun helfen sie das Rätsel lösen (...). Wenn ich sie nachher in irgendeiner Zeitschrift wiedersehe, so fällt mir's immer ein, welch' freundliche Stunden ich ihrem Naturgebilde zu danken hatte (...)", bekennt sie in der bereits genannten autobiografischen Aufzeichnung anlässlich ihres sechzigsten Geburtstages. Lebenslang blieb sie auf der Suche nach den Formen der Natur und dem „Naturgeheimnis".

In ihrem Hüttlein am Lindebach nahe der Teschendorfer Chaussee in Stargard erwartete sie ihr treuestes und dankbarstes Publikum – die Kinder. Sie saßen ihr besonders gern Modell. Ihnen setzte sie in ihrer 1911 erschienenen methodischen Handreichung *Die schwarze Kunst* ein liebenswürdiges Denkmal: „Modell. Das Wort schließt dem Schaffenden einen ganz besonderen Zauber ein. (...) Man fürchtet sich ein wenig davor, darum ist für den Anfang das Kindermodell nach meinen Erfahrungen das Beste. Ein Werdender wird immer dankbar sein. Sobald Kinder einigermaßen wissen, um was es sich handelt, sind die so eifrig, geduldig und treuherzig und so zufrieden mit uns, dass wir zufrieden werden mit ihnen. Natürlich muss man zwei Bildchen auf einmal schneiden und ihnen das andere schenken, dann hat man mehr Modell, als man bilden kann." Doch nicht nur an die Kinder wenden sich ihre Bücher, die seit 1905 in rascher Folge erschienen. In Gedichten und in naturphilosophisch dominierten Prosatexten beschrieb Johanna Beckmann die Natur und ebenso – als scharfsinnige Beobachterin – den Alltag ihrer Mitmenschen.

Der Erste Weltkrieg unterbrach ihre erfolgreiche künstlerische Karriere. Trotz aller Bemühungen – von 1920 bis 1929 erschienen immerhin neun neue Bücher – gelang es nur bedingt, an die Erfolge der Vorkriegszeit anzuknüpfen. In diesen Jahren arbeitete sie besonders eng mit dem Stiftungsverlag in Potsdam zusammen. Der Verlag brachte mehrere Nach- und einige Neuauflagen heraus und publizierte mit Scherenschnitten versehene Post-, Glückwunsch- und Kinderkarten. Leider bewirkten diese Arbeiten keinen nennenswerten wirtschaftlichen Erfolg. So waren ihre letzten Lebensjahre von materieller Not und vom Vergessensein belastet. Nur die Stargarder Natur blieb ihr als eine Stätte der Einkehr, der Selbstbesinnung und des Trostes. „So übe still dein Recht, das dir die Natur gegeben hat, ihr eigen zu sein in Liebe. Sie wird dir helfen im Werden und Sein, wenn sie will, und im Vergehen, wenn deine Stunde gekommen ist (...)."

Johanna Beckmann verstarb am 8. Februar 1941 in Berlin. Die Trauerfeier fand am 13. Februar in der Kaiser-Friedrich-Gedächtniskirche in Berlin statt. Am 15. Februar 1941 wurde Johanna Beckmann auf dem städtischen Friedhof in Burg Stargard beigesetzt. Hier ist ihre Grabstätte noch heute vorhanden.

Ingrid Hustädt

Marjana Domaškojc/Marianne Domaschke (1872–1946)

„(...) ob du Amtmann oder Schweinehirt oder Nachtwächter bist, das ist mir gleich", spricht Maja Starikowa zu dem Amtmann und Großbauern Kito Grěšan. Respektlosigkeit gegenüber der Obrigkeit? Eines der menschlichsten Bedürfnisse – furchtlos und stolz die Stimme gegen soziale Ungerechtigkeit zu erheben – ist beiden gleich: der literarischen

Marjana Domaškojc/Marianne Domaschke

Figur aus dem sozialkritischen Theaterstück *Z chudych žywjenja* (*Aus dem Leben der Armen*) sowie deren Schöpferin Marjana Domaškojc (Marianne Domaschke). Außerdem war Marjana Domaškojc' Leben und Wirken stets von der Sorge um den Fortbestand der traditionellen (dörflichen) sorbischen Lebensweise und Kultur und von ihrem daraus erwachsenden Engagement für den Erhalt und die Pflege ihrer sorbischen Muttersprache, für Bildung und stetiges geistiges Fortkommen vor allem der dörflichen Bevölkerung geprägt.

Wer war Marjana Domaškojc? Geboren wurde sie 1872 als zweite Tochter eines Schneiders und Häuslers in ärmlichen sozialen Verhältnissen in Zahsow bei Kolkwitz. Von jungen Jahren an ging sie täglich zu Fuß (später fuhr sie mit dem Fahrrad) nach Cottbus zur Arbeit in die Tuchfabrik und versorgte zusätzlich gemeinsam mit ihrer Schwester Lisa (1869–1935) Haus und Hof. In den Jahren 1923/24 war die damalige Redakteurin der sorbischen Zeitung *Serbski Casnik*, Mina Witkojc (Wittka), in den sorbischen Dörfern unterwegs, um Leser für ihre Zeitung zu gewinnen. In einer Zahsower Lehmhütte – dort lebten zu jener Zeit die Domaškojc-Schwestern – begegneten sich die drei Frauen zum ersten Mal. Der Anfang einer dauerhaften, auf ähnlichen Ansichten zu politischen, sozialen und menschlichen Fragen basierenden Freundschaft und eines intensiven geistig-kulturellen Austausches.

Die Bäuerin und Halbproletarierin Marjana Domaškojc – schon über fünfzigjährig – begann sich schriftstellerisch zu betätigen, abends und nachts nach anstrengender körperlicher Arbeit, was sie wohl auch als Erfrischung für Geist und Seele empfunden hat. Ihr offenes, heiteres und lebensbejahendes Wesen, ihre Natur- und Heimatverbundenheit und ihre religiöse, humanistische Grundeinstellung finden ihren Ausdruck in klangvollen, bildhaften Versen wie zum Beispiel im folgenden Gedicht [Nachdichtung aus dem Niedersorbischen, I. H.], das in Stil und Ausdrucksweise typisch für Marjana Domaškojc' Dichtung ist:

Die Lerche
Wenn ich früh zur Arbeit schreite,
morgens vor dem Sonnenschein,
gehe durch der Felder Weite,
sehe ich die Lerche mein. //
Lerche sitzt auf einem Hügel,

schaut hell in den Himmel auf,
öffnet ihre leichten Flügel,
schwingt sich in der Welten Lauf. //
Lustig tönt dort ihr Gesang,
fröhlich jauchzet sie, nicht bang:
Höher flieg' ich, weiter seh` ich,
weiter seh' ich, sehe ich. //
Mit dir, Lerche, will ich steigen
näher zu der Sonne hin,
Werke Gottes macht zu eigen
Ich mir, dieses ist mein Sinn.

Die ersten Gedichte der Marjana Domaškojc über Liebe, Natur und Heimat veröffentlichte Mina Witkojc im *Serbski Casnik*. Weitere Veröffentlichungen von Gedichten, Skizzen und Beschreibungen u. a. zur dörflichen Lebensweise, zu Bräuchen und Natur der Heimat folgten. Ferner verfasste Marjana Domaškojc zwei Theaterstücke, *Z chudych žywjenja* (*Aus dem Leben der Armen*, 1929) und *Šwickojc pytaju žowku* (*Zwitschkes suchen eine Magd*, 1936). Die fiktiven (Haupt-)Figuren der Theaterstücke haben reale Vorbilder. Haben vielleicht deshalb die Nationalsozialisten wegen der „Gefahr" bewusster Identifikation Marjana Domaškojc dahingehend zu beeinflussen versucht, die positive (Identifikations-)Figur des Juden Aron zu verändern? Marjana Domaškojc dazu: „Das Stück schrieb ich 1929. Wenn es den heutigen Ansichten nicht entspricht, soll es eben nicht gespielt werden. Ich werde nichts am Stück ändern." Das Stück wurde in Deutschland nicht gespielt. Die Autorin erlebte nur eine tschechischsprachige Aufführung 1932 in Prag.

Der Publizist Peter Jannasch stellt fest, dass die sorbische Literaturgeschichtsschreibung bis jetzt noch nicht tiefgründig untersucht hat, wo u. a. die Dramatikerin Marjana Domaškojc im Licht der Linien, Tendenzen, Stile und Etappen der westlichen Literatur steht. Zaghafte Andeutungen geben zu verstehen, dass sie durchaus mit Gerhart Hauptmann zusammen genannt werden kann, und dass der Jude Aron bei Domaškojc Parallelen zu Lessings *Nathan* aufweist. Unumstrittenes Verdienst der Dichterin bleibt es, durch ihr Werk die vom dörflichen Volk gesprochene sorbische Sprache ins Schrifttum erhoben zu haben.

Marjana Domaškojc war nie verheiratet. Warum, ist nicht genau bekannt. Vielleicht war sie als Frau zu selbstbewusst und unabhängig, also nicht lenkbar und „einsetzbar" in das traditionelle patriarchale Rollenmuster. Jannasch meint in einem seiner würdigenden Beiträge, dass diese intelligente Frau mit ihren emanzipatorischen Gedanken gut in die Frauenbewegung unserer Tage passen würde.

Jutta Erb-Rogg

Anni von Gottberg (1885–1958)

Er durfte schauen „in ein Herz, das lichterloh für die Sache Jesu Christi brannte", so schreibt der frühere Bischof Albrecht Schönherr in seinem Aufsatz über Potsdam und Anni von Gottberg. Diese altmodische Formulierung schien mir besser zu Theresia von Avila oder eine der anderen großen Mystikerinnen zu passen. Doch sogleich ist jene bleibende Charakterisierung gesetzt: eine laue, abwartende Haltung kann nicht „ihr Ding" gewesen sein.

Klementine Elsbeth Anna von Gottberg lautet ihr vollständiger Name. Aber ihr Rufname ist ihr Ehrenname vor der Geschichte geworden und ins Mittelalter gehört sie auch nicht. Anni von Gottberg war eine streitbare Christin gegen die Verfälschung des christlichen Glaubens in der Zeit der nationalsozialistischen Herrschaft und die einzige Frau im brandenburgischen Bruderrat der Bekennenden Kirche.

Ich stehe an ihrem Grab. Eine etwas überwucherte Friedhofsecke mit wildromantischem Ambiente. Teil III E, Kissensteine, zugedeckt mit Geranium macrophyllata – „ ... die behalten im Winter ihr Laub so schön!", meint Andrea Rolbieski, die Gärtnermeisterin des Bornstedter Friedhofs. Zu ihrem Pflegerevier gehört die Grabstelle von Anni von Gottberg. Aber nicht nur das, sie gehören beide mit Hingabe in die gleiche Kirchengemeinde. Die eine war in der Leitung der Gemeinde vor über siebzig Jahren engagiert, die andere ist es seit 1981 in der Kantorei der Friedenskirche Potsdam.

Wann hörte ich doch das erste Mal von Anni von Gottberg? Ach ja! Frau Schwochow, die Pfarrersfrau, war lange Jahre unsere Kinderärztin im Kirchsteigfeld. Die Straße, in der sie arbeitet, ist nach Anni von Gottberg benannt. Und dann war da unser pensionierter Pfarrer Kunzendorf. Er führte oft über den Bornstedter Friedhof, nicht selten auch zum Gedenken an die Widerständler gegen den Naziwahn.

Anni von Gottberg wurde am 7. Mai 1885 als Tochter eines Offiziers in Pommern geboren. Der Großvater Werner von Selchow war zeitweise preußischer Landwirtschaftsminister. Bildungsbürgertum der Zeit also. Und das war es auch schon. Über Kindheit und Jugend oder weiter Aufschlussreiches aus der Familie schweigen die Quellen. Der Bruder Bogislav von Selchow war einigen als Freikorpsführer und

Dichter bekannt. 1925 hatte Anni Hasso von Normann geheiratet. Die Ehe wurde später geschieden. Von einem Sohn wissen die Akten nichts.

Auf dem Bornstedter Friedhof liegt neben Anni von Gottberg ihr zweiter Mann Wolf von Gottberg. Sie hatte ihn 1926 im Alter von einundvierzig Jahren geheiratet, da war er schon einundsechzig. Gestorben ist er 1938. Da stand sie mit dreiundfünfzig Lebensjahren schon lange in ihrem Kampf „um die gute Sache". Er scheint sie nicht ausgebremst zu haben.

In dem charakterisierenden Lebenslauf, den ich von Dr. Harald von Gottberg, dem derzeitigen Leiter der Familienstiftung, erhalten habe, wird viel erzählt von den Schwierigkeiten und Anfeindungen, bis hin zu Bedrohungen, denen Wolf von Gottberg als Landrat von Crossen und in Frankfurt/Oder ausgesetzt war. Damals lebte seine herzkranke erste Frau Elisabeth von Oppen noch. Doch nach dem Erstarken der sozialistischen und spartakistischen Soldatenräte eines Landsturmbataillons und den Unruhen in der Bevölkerung rund um den 9. November 1918 musste der kaisertreue ehemalige Militär regelrecht nach Potsdam flüchten. Im Crossener Lokalblatt erschien damals ein Gedicht eines ebenfalls kaisertreuen Mitbürgers, das Wolf von Gottberg nach Aussage des Familienberichtes sehr erfreute: „Wer nicht wie eine Wetterfahne, sich gleich nach jedem Winde dreht, in sturmbewegtem Oderkahne mannhaft mit steifem Nacken steht, wer königstreu bis in die Knochen am ‚fluchbeladenem System' festhält, wer nicht zu Kreuz gekrochen – ja, der ist heute nicht genehm (...)."

1934 war das entscheidende Jahr für die Kirche in Deutschland. Entscheidung war gefordert in der Frage: Folgen wir dem Totalitätsanspruch der nationalsozialistischen Ideologie und formen den überlieferten christlichen Glauben um zu jenem „positiven Christentum", das den Gehorsam gegenüber dem Führer und den Glauben an die Rasse über die Treue zum biblischen Text stellt? Sollen also in Zukunft die jüdischen Wurzeln der christlichen Religion und das daraus abgeleitete persönliche Gottesverhältnis eines jeden Einzelnen negiert werden? Wird ab diesem Zeitpunkt die allein Christus verantwortliche Kirche umfunktioniert zu einer heilsversprechenden staatlichen Legitimierungsorganisation?

Anni von Gottberg folgte selbstverständlich dem Bekenntnis, das im Mai 1934 in Wuppertal-Barmen von der ersten Bekenntnissynode der Deutschen Evangelischen Kirche verabschiedet wurde: der Barmer Theologischen Erklärung. Es ist keine Quelle zu finden, die einen inneren Kampf Anni von Gottbergs in dieser Entscheidung vermuten lässt. Von Anfang an stand sie offensichtlich auf der Seite der seit 1933 schon im Pfarrernotbund versammelten Geistlichen und der oppositionellen Gemeindekreise. Es mag eine Zeit des Zerrissenseins gegeben haben, denn der Streit um den grundsätzlichen Weg innerhalb der Kirchengemeinden war sehr schmerzlich. Es ist klar, dass es für diejenigen, die sich der gleichgeschalteten „arischen" Kirche entgegenstellten, zu bitteren Konsequenzen kommen würde. Fest gemeißelt steht der Satz in der 1. These der Barmer Erklärung: „Wir verwerfen die falsche Lehre, als könne (...) die Kirche als Quelle ihrer Verkündigung außer (...) diesem einen Wort Gottes auch noch andere Mächte, Gestalten und Wahrheiten als Gottes Offenbarung anerkennen." Da steht es, das zweite große „sola scriptura!" nach Luther. Ein klarer Schlag mit der theologischen Faust auf den Tisch. Ein Basta!-Satz, entstanden in der Abgrenzung gegen jene Deutschen Christen, die „dem Führer und seinem Werk den Christus schenken (wollten), den er ersehnte" (Zitat aus einem Bewerbungsschreiben eines Pfarrers an den Gemeindekirchenrat der Pfingstgemeinde Potsdam). Festgelegt war sie seit 1934 auch auf den Satz der 2. These: „Wir verwerfen die falsche Lehre, als gäbe es Bereiche unseres Lebens, in denen wir nicht Jesus Christus, sondern anderen Herren zu eigen wären (...)." Hier ist sie, jene Klarheit des Bekenntnisses, die aus der profunden Kenntnis der Bibel entspringt. Die Klarheit, in der Anni von Gottberg lebte.

Die Bekennende Kirche hatte sich zu diesem Zeitpunkt aus der „ordentlichen" Kirche, dem Deutschen Christentum gelöst. Eine parallele Kirche Christi war entstanden. Der Weg des Widerstands, der 1934 eingeschlagen wurde, musste nun in schweren Jahren durchschritten und durchgestanden werden. Vielleicht war dieser unumkehrbare Weg der Grund dafür, dass der Ton des Briefes, den Anni von Gottberg im Februar 1944 an Albrecht Schönherr schrieb, ruhiger, tiefer, ergebener klingt: „Wie dankbar können wir doch sein, glauben zu dürfen! Ja, danken, das ist m. E. noch das Hauptanliegen jetzt für uns, denen es noch so unerhört gut geht. Danken, daß Potsdam bisher noch verschont blieb (...)." Schönherr kannte Anni von Gottberg, seit er Ende 1934 als Prädikant nach Potsdam geschickt worden war. Rückblickend schrieb er: „In Potsdam fand ich als junger Kandidat herzliche Aufnahme durch

Frau Anni von Gottberg, die mir geistliches Refugium gewährte und den Mittagstisch bei befreundeten Familien vermittelte." Und weiter: „Wo und wie sie zu einer so intensiven Verbindung zur Kirche und zu einer so großen Liebe zur Bekennenden Kirche kam, ist nicht bekannt. Wer ihr in den Jahren des Kirchenkampfes begegnete, konnte nur staunen über dies glühende Herz, über diesen unglaublichen Mut, über diese Tatkraft, mit der sie oft genug an ihre Grenzen stieß." In der schlimmsten Zeit des für viele Städte bereiteten Infernos, der Zeit der Bombenangriffe, des Verschwindens der jüdischen Mitbürger, der permanenten Meldungen von getöteten Vätern und Söhnen, der Bedrohung durch Gestapo-Schergen und Denunzianten schrieb Anni von Gottberg: „Es kommt mir immer durch den Sinn: Herr, was hat dich bewogen, daß Du mich vorgezogen? Zu danken habe ich auch, dass ich in die Gemeinde geholt werde (...) kurz, ich werde überall gebraucht." Für diese gute Sache setzte sie ihr Leben ein. Ganz geistlich und ganz physisch-existenziell.

Heute hat die Barmer Erklärung für alle evangelischen Christen und Kirchen in Deutschland verpflichtenden Charakter. Aber 1934 bedurfte es Menschen wie Anni von Gottberg, um diesen theologischen Festlegungen einen Sitz im Leben, einen Platz in den Köpfen und Herzen freizuhalten. Im Kampf gegen jene Sehnsüchte der Zeit, die Ausdruck fanden in dem 1933 in der Garnisonkirche formulierten Wunsch, dass mit der Regierung Hitlers nun dafür gesorgt werde, dass christliche Tradition und nationaler Aufbruch Hand in Hand gingen. So wurde Anni von Gottberg zu jenem „roten Tuch für Potsdam", wie sie sich selbst gegenüber dem damaligen Präses Scharf beschrieb. Kein Wunder! Während der Bornstedter Pfarrer dieser Zeit seine friedhofsverwaltenden Briefe mit „Heil Hitler" unterzeichnete, wie etwa zwei Drittel seiner Amtsbrüder auch, hatte sie ihren fest Platz im Management der bekennenden Gemeinden eingenommen. Es gab zu wenig bekenntnistreue Pfarrer, also organisierte sie mit anderen das tägliche Leben der Gemeinden selbst. Ein Gemeindeleben musste erhalten werden, das nicht mehr gewohnt alltäglich war und trotzdem funktionieren sollte. Wo kann von wem ein Bekenntnis-Gottesdienst gefeiert werden? Wer unterrichtet Konfirmanden? Wer geht zu welchem Bibelkreis? Denn eines war sofort klar: Wo Christen nicht im beständigen Gespräch über und mit den biblischen Quellen des Glaubens standen, wo Fürbitten nicht gehalten wurden, dort konnte das Leben in einer bedrohten Parallelstruktur nicht durchgehalten werden. Manche Kirchengemeinden wurden regelrecht zerrissen. Es gab zwei konkurrierende Pfarrer, zwei Leitungsgremien, zwei Gottesdienste. Ihr entschiedener Einsatz führte Anni von Gottberg in die Leitungsgremien der Bekennenden Kirche in der Gemeinde, im Kirchenkreis Potsdam I bis in den Provinzialbruderrat der Mark Brandenburg. Damit war sie „eine der wenigen Frauen, die auch überregional in den Synoden der Bekennenden Kirche aktiv auftraten" (*Brandenburgisches Biographisches Lexikon*). Zu Recht bezeichnet man sie als das Herz der Potsdamer Bekenntnisgemeinde. „Bruderräte" hießen diese Leitungsgremien auf den verschiedenen Ebenen. Unter den Brüdern war da nun auch eine Schwester: Anni von Gottberg. Leider ist kein Aktenmaterial geblieben, das ihren Beitrag in diesen Gremien erkennbar werden lässt.

Wir können rückblickend für Anni von Gottberg nur hoffen, dass von jenem stillen Glück, das im vorher zitierten Brief vom Februar 1944 aufscheint, vieles geblieben ist: „Ich finde, das alles ist eine ganz unerhörte Gnade und dadurch wird einem trotz der bitterernsten Zeit das frohe Herz für den Tag geschenkt." Wir wissen, dass sie später sehr krank wurde und 1955 nach Hamburg zog, wo sie am 9. Juli 1958 mit dreiundsiebzig Jahren starb. Die Zerstörung ihres geliebten Potsdams hat sie erleben müssen. Sie hat für die Menschen in Potsdam um den rechten Weg gekämpft und sie muss sie geliebt haben. Sie hat in ihrer Kirche gekämpft, darum, dass „das Wort sie sollen lassen stahn" (Luther).

Wenn wir morgen die nächsten Sanierungen mit den Denkmalpflegern auf dem Bornstedter Friedhof besprechen, werde ich die Kollegin Rolbieski bitten, ein buntes Herbststräußchen auf das Grab von Anni von Gottberg zu stellen. Warum soll ich mit dem Blumengruß bis zum Geburtstag warten? Wer bringt einen Strauß am 7. Mai?

Barbara Zibler

Melli Beese (1886–1925)

Unvorstellbar: Ein junges Mädchen aus gutem Hause erklärte im Jahr 1909 ihren Eltern, Pilotin werden zu wollen. Zu diesem Zeitpunkt gab es weltweit erst eine Frau, die das Examen als Pilotin abgelegt hatte. Die zweiundzwanzigjährige Französin Raymonde Delaroche (1884–1919) steuerte am 15. Oktober 1909 als erste Frau selbständig ein Flugzeug. Ihre Pilotenlizenz datiert auf den 8. März 1910. Ihr folgten zwei weitere Frauen im Jahr 1910: die Französin Marie Marvingt (1875–1962),

Melli Beese (r.)

vorher als Ballonpilotin tätig, bestand ihre Prüfung am 8. November, und die Belgierin Hélène Dutrieu (1877–1961) am 25. November, sie war zuvor Radrennfahrerin. Da ist Melli Beese schon auf dem Weg nach Berlin-Johannisthal zum ersten deutschen Flugplatz.

Melli Beese, eigentlich Amelie Hedwig, aber von allen Freunden und Fliegerkameraden Melli genannt, wurde am 13. September 1886 in Dresden-Laubegast geboren. Dort wuchs sie zusammen mit einer Schwester und zwei Brüdern im begüterten bürgerlichen Elternhaus auf. Schon in der Schulzeit fiel sie durch überdurchschnittliche Leistungen auf. Hochbegabt, verfügte sie über viele Talente: spielte mehrere Instrumente, hatte eine wunderbare Altstimme und begann früh mit kleineren bildhauerischen Arbeiten.

Als junges Mädchen sehnte sie sich im Gegensatz zu ihren Schulfreundinnen nicht nach der Sicherheit einer standesgemäßen Heirat und den Pflichten einer Ehefrau, wie es am Beginn des zwanzigsten Jahrhunderts üblich war. Nicht das Führen eines bürgerlichen Haushalts und die Erziehung von Kindern schwebte ihr als Lebensplan vor, vielmehr suchte sie die Bestätigung in einem Beruf, der nicht nur den Sinn für das Schöne erforderte, sondern voraussetzte, dass man im wahrsten Sinne des Wortes zupacken konnte – sie wollte Bildhauerin werden. Sicherlich war der Vater als Bildhauer und Steinmetz Vorbild für diesen Berufswunsch und wird ihr auch geholfen haben, den Studienwunsch umzusetzen.

Melli Beese studierte von 1906 bis 1909 an der Königlichen Akademie der Künste in Stockholm Bildhauerei. In Deutschland war eine solche Ausbildung für Frauen vor dem Ersten Weltkrieg noch unmöglich, keine Kunstakademie immatrikulierte Frauen im Fach Bildhauerei; hatten sich doch Frauen überhaupt erst um die Wende vom neunzehnten zum zwanzigsten Jahrhundert den Zugang zu Universitäten erkämpft. Ihre Kunstwerke aus der kurzen Schaffensperiode als Bildhauerin zeigen, dass sie ihr Handwerk beherrschte, und die an der Akademie errungenen Preise, sie erwähnt selbst Auszeichnungen und erste Preise, beweisen die Anerkennung ihrer Werke. Einen Preis erhielt sie u. a. für eine Figurengruppe *Fußballspieler*, die sie im Jahre 1908 modellierte.

Nach dem Studium nach Dresden zurückgekehrt, führt sie nur noch kleinere bildhauerische Arbeiten aus, und widmet sich dann mehr der Technik. Als Gasthörerin belegt sie am Polytechnikum in

Dresden die Fächer Maschinenbau, Schiffsbau, Flugtechnik und -mechanik, weil sie, wie sie selbst schrieb, „neben ihrer künstlerischen Arbeit für die Technik und besonders für ihre neuesten – vielleicht phantastischsten – Erscheinungen brennendes Interesse hatte." Sie gehört damit zu den wenigen ersten „Aviatikern" Deutschlands, die vor die praktischen Flugversuche die Beschäftigung mit theoretischen Grundlagen setzten.

Im September 1909 war in Johannisthal der erste reguläre deutsche Motorflugplatz eröffnet worden. Johannisthal, die kleine verschlafene Landgemeinde vor den Toren Berlins wurde mit diesem Ereignis aus ihrem „Dornröschenschlaf" geweckt, so formulierte es Georg von Tschudi, der Direktor des Flugplatzes. Der Flugplatz Johannisthal erreichte damals fast Weltberühmtheit und wurde in der zeitgenössischen Presse und in Fliegerkreisen bald als die Perle der europäischen Motorflugplätze gefeiert. Für viele ausländische Piloten, so auch für den späteren Ehemann Melli Beeses, Charles Boutard, war Johannisthal bis zum Ausbruch des Ersten Weltkrieges Anziehungspunkt, ganz im Sinne der Intention Lilienthals, der eine friedliche, die Völker verbindende Entwicklung des Flugwesens ersehnte.

Nur ein Jahr nach der Eröffnung des Flugplatzes ist Melli Beese nach Johannisthal gekommen. Sie hatte die Nachrichten von den ersten Flugversuchen in der Presse verfolgt und wusste, dass die Fliegerei noch in den Kinderschuhen steckte. Sicherlich war sie sich auch der Tatsache bewusst, dass eine Frau unter diesen wagemutigen Männern eine absolute Ausnahme darstellte. Bestimmt war sie sich nicht des Widerstandes bewusst, der ihr begegnen sollte. Eine Reihe von Überlegungen werden eine Rolle gespielt haben, bevor sie sich entschloss, nach Johannistahl zu fahren. Auch die Höhe der Ausbildungskosten von 4 000 Goldmark, eine für die damalige Zeit sehr hohe Summe, wird zu bedenken gewesen sein (3 000 Mark davon für die Ausbildung, und 1 000 Mark waren als Bruchkaution zu hinterlegen). Ihre Eltern informiert sie möglichst spät und kommentiert dazu: „(...) schweren Herzens ließen sie mir auch diesen Wunsch."

Aber es spielte zweifellos auch eine Rolle, dass Melli Beese mit ihrem technischen Verständnis die weitere Entwicklung des Flugwesens voraussah und die Dimension erfasste, die in dieser technischen Neuerung steckte. Möglicherweise hat auch die Neugier mitgespielt, wie dieses Gefühl wohl sein müsse, von der Erde abzuheben, zu fliegen, frei zu sein wie ein Vogel. Den ersten Tag im November 1910, als sie von Dresden kommend in Johannisthal eintrifft, beschreibt sie sehr genau in ihren Erinnerungen. Sie sagt, dass sie trotz technischer Kenntnisse im Schiffsbau und Studium am Polytechnikum in Dresden „doch nie vorher dem Gedanken an die eigenhändige Führung einer Flugmaschine ernstlich näher getreten war"; und weiter: „Nun war ich persönlich da und ich war felsenfest davon überzeugt, in wenigen, vielleicht zwei, spätestens drei Wochen würde ich, sportlich trainiert wie ich war, hoch über allen Sterblichen meine Kreise ziehen. Jeder einigermaßen Eingeweihte wird daraus meine glückliche Ahnungslosigkeit in allen zur Fliegerei gehörenden Dingen erkennen."

Bis zu ihrer Pilotinnenprüfung, die sie als erste Frau in Deutschland ablegte, sollten noch Monate vergehen, Widerstände und Rückschläge gab es mehr als genug. Sie stürzte mit ihrem ersten Fluglehrer Thelen ab und trug einen äußerst komplizierten, fünffachen Bruch des Fußes davon. Nachdem sich Thelen weigerte, ihre Ausbildung fortzusetzen, schulte sie in Weimar und kehrte von dort erfolglos zurück. Als sie erstmalig ein Flugzeug selbst steuerte, bemerkt sie rückblickend: „Zum ersten Mal Leben und Tod in der eigenen Hand – in einer Unmittelbarkeit, wie es bei keinem anderen Sport der Fall ist." Eine Frau in den Reihen der Piloten, ein weibliches Wesen in dieser absoluten Männerdomäne bedeutete für die Flieger, weniger bewundert zu werden, bedeutete männlichen Prestigeverlust. Bewies doch diese Frau, dass Frauen und Technik keinen unvereinbaren Gegensatz darstellen und sich eine Frau in diesem Metier genauso gut behaupten kann wie ein Mann.

Die „Streiche", die sie hindern sollten, ihr Examen abzulegen, wie ein abgelassener Benzintank, eine schlecht verspannte Maschine, waren gefährlich und ernste Drohungen, zwangen sie zur Notlandung. Zu ihren stärksten Widersachern gehörte auch Helmut Hirth, ihr letzter Fluglehrer und Chefpilot bei der Firma Rumpler, der damals bekannteste deutsche Flieger. Das nachfolgende Zitat von Hirth, in dem er zweifelsohne Melli Beese beschreibt, bringt seine unverhohlene Abneigung gegenüber Frauen als Flugschülerinnen zum Ausdruck:

„Der Unterricht von Damen als Flugschülerinnen hat seine Schattenseiten. Eines Tages rief mich Herr Rumpler in sein Bureau, um mich zu fragen, ob ich eine Schülerin, die schon über zwei Jahre lang bei anderen Firmen das Fliegen erlernen wollte, ausbilden würde. Ich warnte damals Herrn Rumpler, er hatte jedoch schon den Vertrag abgeschlossen, und ich war so gezwungen, diese Aufgabe zu übernehmen, und eine Schülerin, der es bei den verschiedensten Systemen bisher nicht möglich gewesen war, das Fliegen zu erlernen, auszubilden. Ich wollte ihr beweisen, wie leicht das Fliegen auf einer Taube (ein Flugzeugtyp) sei. Nach viel Mühe und Not, erschwert durch den Oppositionsgeist, der den Frauen angeboren sein muss, gelang es der Schülerin endlich, die Pilotenprüfung abzulegen. Doch wie in allen Berufen, die gelegentlich die physischen Kräfte eines Mannes erfordern, glaube ich nicht, dass auf den heutigen Flugzeugen die Frauen etwas Großes leisten werden. Die ganze Sache wird von ihnen lediglich als Sensation aufgefasst und dient dem Publikum nur zur Belustigung. Es ist vielleicht für den Flugplatz sehr viel wert, etwas Derartiges zu besitzen, da das Publikum, wenn nicht geflogen wird, durch solche Frauen immerhin unterhalten wird.“ Soweit Herr Hirth als Beweis, wie schwer es für Melli Beese gewesen sein muss, gegen solche Vorurteile ihre Ausbildung durchzusetzen.

Dennoch bestand sie ihr Examen glänzend, an ihrem fünfundzwanzigstem Geburtstag, dem 13. September 1911, als erste Pilotin Deutschlands, ihre Flugzeugführererlaubnis trägt die Nummer 115. Bei der darauf folgenden Flugwoche im September/Oktober 1911 war ihr Name in der Startliste zu finden. Wieder versuchten ihre männlichen Konkurrenten ihre Teilnahme zu verhindern. Aber diesmal kollidierten deren Interessen mit denen des geschäftstüchtigen Flugplatzdirektors von Tschudi, der wusste, wenn er die erste deutsche Pilotin am Start präsentierte, könnte das ein Publikumsrenner werden. Im Gesamtklassement belegte Melli Beese unter vierundzwanzig Teilnehmern den fünften Platz und hatte außerdem zwei Weltrekorde für Damen errungen: Dauer mit Passagier (zwei Stunden, zwanzig Minuten), Höhe mit Passagier 825 Meter. In der Presse wird sie bejubelt, man schreibt, die Leistung von Fräulein Beese hätte wohl manchem ihrer männlichen Kollegen zur Ehre gereicht. Dennoch startet sie bei keiner der anderen Flugwochen. Der Wettbewerb um Höhe und Weite der Flüge war nicht länger ihre Sache. Sie hatte bewiesen, zu welchen Leistungen sie fähig war und wollte sportlichen Erfolgen nicht länger nachjagen.

Sie verfolgte schon wieder ganz neue Pläne. Zunächst heiratete sie im Jahr 1913, zu einer Zeit, als schon aggressiv-nationalistische Töne ihr Umfeld bestimmten, den französischen Piloten Charles Boutard.

Diese Eheschließung kam einer Brüskierung ihrer Anhängerschaft gleich. In der kleinen, kosmopolitisch geprägten Welt des Flugplatzes Johannisthal fiel sie dagegen nicht ins Gewicht. Zuvor hatte sie den finanzkräftigen Siemensenkel Werner Alfred Pietschker abgewiesen. Die Jahre, die nun bis zum Ausbruch des Ersten Weltkrieges folgten, waren ihre glücklichsten, obwohl die Arbeit kein Ende nahm. Sie eröffnete auf dem Flugplatz Johannisthal eine Flugschule, kümmerte sich um alle geschäftlichen Belange, während ihr Mann die Ausbildung ihrer Schüler übernahm. Bei allen Unternehmungen war Melli Beese federführend und auch namensgebend, ihr Ehemann trat lediglich als bei ihr angestellter Chefpilot der Firma auf.

Im Konzept für ihre Flugschule kritisierte sie die ansonsten üblichen Ausbildungspraktiken und machte sich damit sicherlich nicht nur Freunde, als sie schrieb: „Ich bin von der Erwägung ausgegangen, dass es an der Zeit ist, den in vielen Beziehungen durchaus ungeregelten Zuständen in manchen Flugschulen dadurch ein Ende zu machen, dass ein wirklich ordnungsgemäß und straff organisiertes Institut die Ausbildung zum Flieger nach festgesetzten Grundsätzen übernimmt. (...) Die infolge von Witterungsungunst nun einmal unvermeidlichen Ruhepausen werden in meiner Schule dadurch ausgefüllt werden, dass den Schülern theoretische Unterweisungen gegeben werden und ihnen die Möglichkeit gelassen wird, sich in den Werkstätten an praktischen flugtechnischen Arbeiten aller Art zu beteiligen."

Neben der Arbeit in der Flugschule betätigte sich Melli Beese auch als Konstrukteurin und begann für Schulzwecke mit dem Nachbau der „Taube", übrigens als erste nach Rumpler in Deutschland. Daneben konstruierte sie wahrscheinlich gemeinsam mit Boutard den „Melli Beese Monoplace Boutard", eine einsitzige sportliche Maschine. Allerdings hatte dieser Eindecker im Vorfeld des Ersten Weltkrieges keine Chancen auf Abnahme, denn das Militär als nahezu einziger Abnehmer von Flugzeugen war nur an Zweisitzern interessiert. Ein Beobachter musste auch noch Platz im Flugzeug haben. Für ihre Konstruktionen sprechen insgesamt drei Patentanmeldungen. Besonderes Augenmerk richtete sie auf die Konstruktion und den Bau eines Flugbootes.

Der Erste Weltkrieg warf seine Schatten voraus, und die Entwicklung des Militärflugwesens wurde deutlich forciert durch großdimensionale Flugzeugbestellungen des Heeres. Aus den Aeroplanen sind Flugzeuge geworden, die Pionierzeit der Fliegerei in Johannisthal, der friedliche Wettstreit um Flughöhe und -dauer war zu Ende. Und während zu Beginn des Krieges noch die Ansicht überwog, dass dem Flugzeug die Aufgabe der Beobachtung des Feindes aus der Luft zukommt, dass es Informationen über die Stärke und Bewegung der gegnerischen Truppen sammelt, änderte sich das im weiteren Kriegsverlauf. Das Flugzeug wurde zur todbringenden furchtbaren Waffe, die Luftfahrt hatte ihre Unschuld verloren. Und Johannisthal avancierte im Ersten Weltkrieg zum Produktionszentrum deutscher Kriegsflugzeuge. Der Flugplatz unterstand dem Militär, wie im Zweiten Weltkrieg auch wieder.

Für Melli Beese bedeutete der Kriegsausbruch Feindseligkeit, Verlust des Vermögens, Verbannung und schwere Krankheit. Durch ihre Heirat war sie nach damals geltendem Recht zur Französin geworden. Und was sie wohl am schwersten getroffen haben wird, sie verlor kurz vor der Fertigstellung ihr Flugboot. Gemeldet war sie damit zur Ostseeflugwoche in Warnemünde im August 1914. In Johannisthal darf sie den Flugplatz nicht mehr betreten. Ihr Mann wird interniert. Zusammen werden sie für die letzten Kriegsjahre nach Wittstock an der Dosse verbannt und leben dort unter erbärmlichen Bedingungen.

Am Kriegsende beschreibt sie ihre Lage mit folgenden Worten: „Wir standen jedoch vor einem zertrümmerten Leben, krank, aller eigenen Mittel und Besitztümer beraubt – man hat uns buchstäblich zugrunde gehetzt. Deutschlands Dank für unsere im Dienst des Flugwesens geopferten gesunden Glieder – auch mein Mann hatte sich 1911 ein zerschmettertes Bein geholt. Erst im kommenden Herbst, also 1923, fünf Jahre nach Kriegsende, wird die Handlungsweise der deutschen Behörden in unserem Fall vor dem Pariser Schiedsgericht ihre Sühne finden und uns damit das Geld für neue Tätigkeit wieder freigeben. Unsere Kriegsgefangenschaft hat also in Wahrheit neun lange Jahre gedauert und uns den vielleicht fruchtbarsten Teil unseres Lebens gekostet.“

In den letzten sieben Jahren ihres Lebens zwischen 1918 und 1925 bemühte sich Melli Beese verzweifelt, wieder eine Existenz aufzubauen. Sie klagte auf Entschädigung für das im Krieg verlorene Eigentum. Das Geld, das sie endlich nach Jahren bekam, büßte sie durch die Inflation fast vollständig wieder ein. Dennoch hatte sie Pläne, einer davon war ein Flug rund um die Welt, der gefilmt werden sollte. Wieder hatte sie große Hoffnungen und wieder wurde sie enttäuscht, weil sie nicht genügend Sponsoren für ihre Idee fand. Diesen ständigen Belastungen hielt offenbar auch ihre Ehe nicht stand. Am Ende ihres Lebens lebte sie allein und völlig verarmt in einer Pension in Berlin-Halensee.

Amelie Beese ging auf keine Rednertribüne, wie andere ihrer Zeitgenossinnen, trat keiner politischen Partei oder Vereinigung bei und verbreitete sich auch nicht theoretisch über die Forderungen der Frauen nach Selbstverwirklichung im Beruf und nach Gleichberechtigung. Sie lebte sie ganz einfach und setzte konsequent ihre Vorstellungen von ihrem Leben in die Realität um, soweit es die Grenzen der Gesellschaft am Beginn des zwanzigsten Jahrhunderts einer so ungewöhnlichen und unbedingten Frau wie Melli Beese eben gestatteten. An der Grenze dessen angekommen, was sie psychisch und physisch zu leisten vermochte, gab Melli Beese auf. Am 21. Dezember 1925 nimmt sie sich das Leben, ihr Tod machte noch einmal Schlagzeilen in der Presse.

Astrid Gräfin von Hardenberg

Renate Gräfin von Hardenberg-Neuhardenberg (1888–1959)

Meine Mutter verlebte ihre Kindheit und Jugend in Lieberose in der Niederlausitz. Ihr Vater Otto Graf von der Schulenburg besaß die dortige Standesherrschaft. Nach ihrer Eheschließung mit meinem Vater Carl-Hans Graf von Hardenberg im Jahre 1914 bewirtschaftete das junge Paar zunächst den zu Lieberose gehörenden Betrieb Mochlitz und bereitete sich damit auf die Übernahme der Familienbesitzungen in Neuhardenberg vor, denn mein Vater war als Erbe seines Onkels

Renate Gräfin von Hardenberg-Neuhardenberg

Kuno Hardenberg vorgesehen. Nach schwierigen Jahren in Mochlitz überbrachte meine Mutter 1921 meinem Vater die Nachricht vom Tod der einzigen Kuh. Mein Vater antwortete: „Macht nichts, Onkel Kuno ist auch tot!"

Die Übernahme von Neuhardenberg gestaltete sich zunächst als fast unmöglich. Die Krisen beladene Zeit nach dem Ersten Weltkrieg hatte den Besitz an den Rand des Konkurses gebracht. Nur durch eiserne Disziplin und persönliche Bescheidenheit ist es meinen Eltern schließlich gelungen, den drohenden Konkurs abzuwenden und den Betrieb im Laufe der Jahre zu neuer Blüte zu führen. In dieser Zeit wurden meinen Eltern sechs Kinder geboren: Fünf Töchter (eine Tochter starb mit vier Jahren) und ein Sohn. Die lange ersehnte Geburt meines Bruders als fünftes Kind im Jahre 1925 beendete sicher eine große seelische Belastung für meine Eltern, da auch sie den gesetzlichen Fideikommissbestimmungen unterlagen: Der Besitz war nur an männliche Nachkommen vererbbar. Angeblich haben manche Menschen zu den Geburten der Töchter fast kondoliert. Die Ehe meiner Eltern war geprägt von großer Harmonie und tiefer Religiosität. Tisch- und Abendgebete sowie der sonntägliche Gottesdienst gehörten selbstverständlich zu unserem Leben. Meine Mutter half, wo immer sie konnte, Betriebsangehörigen, Dorfbewohnern, Nachbarn. Krankenbesuche gehörten zum Tagesablauf.

Mit dem Beginn des Naziregimes zog sich mein Vater als erbitterter Gegner aus allen öffentlichen Ämtern zurück. Meine Mutter trug seine Entscheidungen und die damit verbundenen Konsequenzen mit, verbarg aber ihre Sorgen nach außen und vor allem vor uns Kindern. Nach dem missglückten Attentatsversuch auf Hitler am 20. Juli 1944 war es nur eine Frage der Zeit, bis mein Vater wenige Tage danach in Neuhardenberg verhaftet werden sollte. Wie immer bewies meine Mutter preußische Haltung, auch nach dem missglückten Selbstmordversuch meines Vaters. Sie wusste, dass er im Falle einer Verhaftung versuchen würde, sich das Leben zu nehmen, um bei eventuellen Folterungen keine Namen von Freunden nennen zu müssen. Schwer verletzt wurde mein Vater in das Konzentrationslager Sachsenhausen gebracht. Meine Mutter ließ sich durch nichts einschüchtern und kämpfte in den nächsten Wochen und Monaten mit den SS-Behörden um das Leben meines Vaters und sicher auch anderer Mitverschwörer. Die Beschlagnahme von Neuhardenberg wie überhaupt jeglicher Verlust materieller Art wurden für meine Mutter vollkommen nebensächlich. Die Dynamik, der starke Wille und der Mut meines Vaters, sich gegen die Verführer der Nation einzusetzen, wären ohne die vorbehaltlose Unterstützung durch meine Mutter nicht möglich gewesen. Sein zurückkehrender Lebensmut zum Ende des Krieges war sicher auch ihr zu verdanken.

Wie durch ein Wunder überlebte meine ganze Familie den Krieg, und wir konnten uns in Nörten-Hardenberg bei unseren Verwandten in der Nähe von Göttingen wieder in die Arme schließen. Schon nach wenigen Wochen haben meine Eltern zusammen mit Freunden das „Hilfswerk 20. Juli 1944" gegründet, deren Leiterin meine Mutter wurde. Unermüdlich setzte sie sich für die Hinterbliebenen des missglückten Attentats ein, um wirtschaftliche Not zu lindern oder auch Kindern zu Auslandsaufenthalten zu verhelfen. Eine ihrer damaligen Schützlinge erinnert sich: „Renate Gräfin von Hardenberg hat sich in unermüdlicher kräftezehrender und sehr persönlicher Weise für die Überlebenden, die Witwen, Waisen und teilweise auch Verwandten (Eltern, Geschwister) der Angehörigen eingesetzt. Sie war nicht zuletzt Stütze und Ratgeberin der häufig sehr jungen Witwen. Sie machte ihnen Mut, ihren Weg zu gehen, half bei der Suche nach Unterkünften, Anwälten, Ämtern, Schulen für die Kinder. Sie führte besonders in der Frühzeit Familien wieder zusammen, suchte nach Angehörigen oder nach dem Hab und Gut der Entwurzelten. Sie vermittelte Arbeitsstellen, half bei der Ausbildung der Witwen und der älteren Waisen, tat Finanzquellen, Stipendien, Internatsplätze auf. Renate von Hardenberg ließ keine Hilfsmöglichkeit für ihre Schutzbefohlenen aus, ergriff für sie jeden Strohhalm. Es gelang ihr, Herzen und Konten zu öffnen."

Diese Arbeit für die Hinterbliebenen wurde besonders in den Anfangsjahren begleitet von Bemühungen um ihre Konsolidierung. 1949 wurde das Hilfswerk in eine Stiftung überführt, die gemeinsam mit Überlebenden und Angehörigen des Umsturzversuchs und unter Mitwirkung des damaligen Bundespräsidenten Theodor Heuss in Nörten-Hardenberg gegründet wurde. Als Geschäftsführerin wandte sich meine Mutter mit zahlreichen Schreiben an die zuständigen Stellen der gerade gegründeten Bundesrepublik. Worum es ihr dabei ging, zeigt zum Beispiel ein Brief vom Mai 1951 an den „Verehrten Herrn Adenauer". Sie schreibt: „Ich bin die Geschäftsführerin der *Stiftung 20. Juli 1944*, einer Organisation, die es sich zur Aufgabe gesetzt hat, auf rein caritativem Gebiet den Familienangehörigen der Opfer des 20. Juli

1944 zu helfen, bis der Staat seinen Verpflichtungen nachkommen wird (...). Bei sehr vielen unserer Schützlinge herrscht bittere Not. Die Witwen werden vielfach mit dem Leben nicht fertig und die Kinder sind z. T. durch das furchtbare Geschehen in der Vergangenheit aus der Bahn geworfen. Alles dies erfordert ebenso seelische wie materielle Hilfe.“ Eben diese Hilfe, so wird hier unterstrichen, gehöre „zu den Verpflichtungen des Staates“, sie wird von der Stiftung also lediglich stellvertretend und hoffentlich vorübergehend wahrgenommen. Meine Mutter schreibt das im Blick darauf, dass nach längerer Vorbereitung und auch auf ihr Drängen hin ein *Gesetz über die vorläufige Regelung der Wiedergutmachungen nationalsozialistischen Unrechts für verdrängte Angehörige des öffentlichen Dienstes* vor der Verabschiedung im Bundestag steht. Darauf bezieht sie sich in dem genannten Brief: „Im Namen unserer Stiftung bitte ich Sie herzlich und eindringlich, irgendeine Bestimmung einzubauen, die auch denen Hilfe bringen wird, deren Männer in freien Berufen standen. Es handelt sich hier um Landwirte, Gewerkschaftsführer, Rechtsanwälte, Kaufleute usw. Diese Männer haben ebenso wie die anderen ihr Leben zum Opfer gebracht und haben es verdient, dass ihre Hinterbliebenen nicht vergessen werden.“ Und zum Schluss: „(...) ich schreibe Ihnen, weil mein Gewissen mich dazu zwingt.“

Bei der geplanten „Wiedergutmachung“ dürfe also nicht zwischen Berufen unterschieden werden, aber auch nicht zwischen den verschiedenen Widerstandsgruppen. Auf die Anfrage eines Ministeriums nach der Zahl der zu versorgenden Opfer der Widerstandsbewegung (20. Juli) antwortet sie, dass es „sich um rund 160 Personen“ handelt, allerdings: „(...) das Schwierigste ist die Frage: Wie kann man alle anderen erfassen, die außerhalb dieser Bewegung im aktiven Widerstand gegen Hitler gelitten haben und ihre Ernährer verloren (...).“

Die Vorgänge um diese Gesetzgebung lassen erahnen, wie schwer es der jungen Bundesrepublik gefallen sein muss, sich auch durch klare gesetzliche Regelungen an die Seite derer zu stellen, die nach 1944 formalrechtlich scheinbar korrekt verurteilt worden waren. Und sie zeigen, dass die rein karitative Tätigkeit der Stiftung auch auf politische Entscheidungen hindrängt. Ohnehin bewegt sich das Hilfswerk von Anfang an auf politisch umstrittenem Feld. Eine positive Würdigung des Aufstands vom 20. Juli 1944 war noch keineswegs Allgemeingut. In ihren Schreiben spricht meine Mutter von Anfeindungen und politischen Vorgängen, die ihren „Schützlingen“ viel Leid gebracht haben.

Ab Mitte der 1950er-Jahre nahm die Stiftung zwei weitere Aufgaben wahr. Darüber berichtet eine Beteiligte: „Fester Bestandteil im Leben vieler Angehöriger wurde ab Mitte der 1950er-Jahre das alljährliche Gedenken in Berlin um den 20. Juli. Gräfin Hardenberg richtete die Gedenkfeiern in zunehmendem Maße auch mit Hilfe des Berliner Senats aus. Für die Familien der Ermordeten waren diese Gedenktage von großer Wichtigkeit, weil sie fast keine Gräber hatten, was in dieser Generation ein großer Verlust war. So hatte der Gang nach Plötzensee und in den Innenhof des Bendlerblocks seine eigene Bedeutung und Würde. (...) Ab 1956 kamen für die Jugendlichen der Stiftung die alljährlichen Jugendtreffen auf Burg Liebenzell und zuletzt in Berlin hinzu. Gräfin Hardenberg hatte erkannt, dass wir Kinder der Widerstandseltern es im täglichen Leben oft nicht leicht hatten. Wir wurden teilweise als Kinder von Vaterlandsverrätern ausgegrenzt, hatten es schwer, den Widerstand unserer Väter zu akzeptieren oder den anderen zu vermitteln. (...) Da half uns, dass wir auf Tagungen das Wissen um die Breite des Widerstands, die Weite und die Bedeutung verschiedener Kreise vermittelt bekamen und Zeitzeugen, Überlebende, befragen konnten.“

Als staatliche Leistungen für die Arbeit der Stiftung mehr und mehr einsetzten, wuchsen auch bürokratische Anforderungen. An den zuständigen Ministerialbeamten schreibt meine Mutter: „Ich bin sehr erschrocken über die vielen Fragen, die wir in so kurzer Zeit klären sollen. (...) Ich bitte die Herren vom Haushalts-Ausschuss doch zu bedenken, dass dieses Büro hier (Anm.: sieben Quadratmeter) nur ein winziger Betrieb ist. (...) Das Büro besteht aus mir (ehrenamtliche Tätigkeit und seit zwei Jahren ohne Urlaub), aus meiner Mitarbeiterin (kommt 3x in der Woche) und aus einem Buchhalter (der ungefähr einmal in der Woche kommt).“ Von diesem kleinen Büro aus hat meine Mutter in zäher Arbeit nicht nur vielen geholfen, sondern auch geschichtspolitisch gewirkt: Sie hat erheblich dazu beigetragen, dass der Umsturzversuch vom 20. Juli 1944 und der deutsche Widerstand gegen das Hitlerregime insgesamt zu lebendigen Traditionsstücken der Bundesrepublik Deutschland wurden. Abschließend möchte ich sagen: Meine Mutter ist durch viele Höhen und Tiefen gegangen. Verantwortungsbewusstsein und Nächstenliebe hat sie uns Kindern und allen, die sie kannten, vorgelebt. Sie ist mir noch heute ein Vorbild.

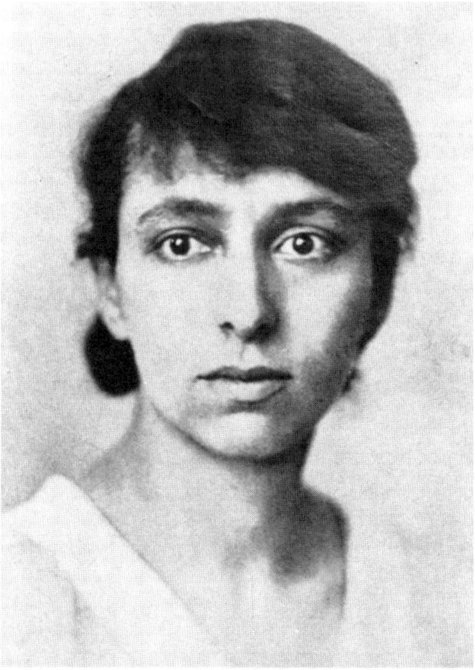

Angelika Obert

Gertrud Kolmar (1894–1943)

Eine Gartenstadt am nördlichen Rand von Berlin, still, verträumt, abgeschieden. Rundum Wald. Bei gutem Wetter kommen sonntags die Ausflügler – es gibt da ein berühmtes Lokal, den Finkenkrug. Aber im Winter und überhaupt alltags merkt man nichts von der Großstadt. Unter den wenigen Berlinern, die sich hier niedergelassen haben, eine jüdische Familie: die Chodziesners. 1923 sind sie gekommen, eingezogen in ein kompaktes Landhaus unter Bäumen, dahinter wuchert ein

Gertrud Kolmar, ca. 1920

riesiger Garten. Der Rechtsanwalt Ludwig Chodziesner hat jetzt einen weiten Weg zur Arbeit. Aber dafür ist das Leben auf dem Land billiger, die Lebensmittelversorgung besser, das sind wichtige Gesichtspunkte in diesen Jahren. Vor allem: Die Familie liebt die Natur. Besonders die älteste Tochter, Gertrud. Schon fast dreißig Jahre alt, hat sie ihre Tätigkeit als Erzieherin aufgegeben, um mit ihren Eltern in Finkenkrug zu leben. Sie brauchen ihre Hilfe in Haus und Garten. Und Gertrud braucht die Stille. Sie schreibt Gedichte:

Du fragst mich, ob Bienen und Hummeln träumen?
Sicher träumen sie, wenn sie in jener rahmweißen
Schwertel schlummern, kindlich von süßer,
schaumiger Bienenmilch.
Aber Steinhummeln sind die schönsten, summend in
warmen schwarz und fuchsigen Pelzen ...

Die Nachbarn wissen nichts davon. Nur sehr wenige Leute wissen damals, dass in Finkenkrug eine Dichterin wohnt, von der es später heißen wird, dass sie eine ganz Große war. Man wird sie mit Annette von Droste-Hülshoff vergleichen. Gertrud Kolmar lautet ihr Dichtername – sie hat sich nach der Stadt Kolmar genannt, aus der ihre väterlichen Vorfahren kamen.

Auch heute sind es noch nicht viele, die Gertrud Kolmars Gedichte kennen. Dafür gibt es traurige Gründe: Zunächst hat sich die Dichterin gar keine Mühe gegeben, berühmt zu werden. Dann durfte sie als Jüdin nicht mehr veröffentlichen. Nach dem Krieg dauerte es lange, bis sie wieder entdeckt wurde. Doch heute fehlt den meisten Menschen die Muße, sich mit Gedichten zu beschäftigen.

Gertrud Kolmar gefiel es gar nicht, wenn Schriftsteller ihre Bücher schnell auf den Markt brachten. Sie wollte die Dinge reifen lassen. Worte finden, die die Zeit überdauern. In Finkenkrug fand sie, was sie suchte: „das Bleibende, Tier und Pflanze, das im Vergehen und Werden Beständige“, schreibt sie in einem Brief an die Schwester. So besingt sie in vielen Gedichten die Natur, das Leben auf dem Land, den Garten im Sommer:

Hier auf dem einzig offnen, besonnten Fleckchen im
Röhricht, Lieber, laß noch ein wenig uns sitzen

Und hinüberschaun nach den Fenstern, unseren Fenstern,
die Waldrebe und dumpferer Efeu umkriechen.
Wie mir dies kleine umschattete, weltversunkene
Schloß gefällt!

Heute ist das Haus, in dem Gertrud Kolmar in Finkenkrug lebte, nicht mehr so verwunschen. Die Bäume sind lange gefällt. An der Feuerbachstraße 9 ist ein Bolzplatz entstanden. Doch eine Gedenktafel erinnert an die Dichterin und neben dem Haus führt ein Gertrud-Kolmar-Weg noch immer ins Grüne. Es ist ein kleiner Weg, an den die Grundstücke eher unordentlich grenzen. Er passt zu der Dichterin, die darunter litt, wie die Natur immer mehr dem Städtebau weichen musste. Sie wünschte sich eine Welt, in der Menschen, Tiere und Pflanzen miteinander im Einklang leben und sich keine Gewalt antun. Dazu gehörte für sie auch, wenig zu besitzen, wenig Lärm zu machen, anspruchslos zu leben:

Die Leute kramen in Büchern
Und reißen aus jedem Gesetze
Und reiben mit sanftesten Tüchern
Nur blank ihre schuftende Hetze;

(...)

Sie bauen wie Straßen sich aus
Und wissen nicht, wo sie enden:
Ich bin nur ein Ackerstrauß
Und halte mich selbst in den Händen.

Zu Beginn des zwanzigsten Jahrhunderts waren viele Künstler fasziniert von den Möglichkeiten der Technik, dem Tempo der Motoren und Maschinen. Gertrud Kolmar aber sah damals schon voraus, was mit der Erde passieren wird, wenn sich die Menschen der Natur immer weiter bemächtigen:

Die Erde siecht von Jahr zu Jahr
Wie eine Mutter, derer nicht die Kinder achten.
Sie schmähn das spukhaft wirre Haar
Und ihre närrischen vergangnen Trachten.
Gift hat die Blütenstirn geätzt,
Ein wilder Fleiß den Blick verändert,
Der Städte Aussatz ihren Leib gefetzt,
Und Schienen halten ihn umbändert.

Gertrud Kolmar ist nicht weit herumgekommen. Die meiste Zeit hat sie in ihrem Elternhaus verbracht. Aber sie verfügte über eine ungeheure Vorstellungskraft. In ihren Gedichten fliegt sie mit den Adlern über die Kordilleren, taucht in Sümpfe, in denen das Urgetier haust, denkt sich nach Asien oder zurück an den Anfang der Zeit. Wie in einem Traumkino folgt ein erstaunliches Bild dem andern. Darum konnte sie, die aus Finkenkrug kaum herauskam, sich auch als eine „Fahrende" beschreiben:

Alle Eisenbahnen dampfen in meine Hände,
Alle großen Häfen schaukeln Schiffe für mich,
Alle Wanderstraßen stürzen fort ins Gelände,
Nehmen Abschied hier; denn am andern Ende,
Fröhlich sie zu grüßen, lächelnd stehe ich.

Wer heute von Berlin aus Richtung Wittenberge fährt und in Finkenkrug aus der Regionalbahn steigt, muss durch eine Unterführung gehen, um in den Ort zu gelangen. Diese Unterführung ist mit vielen bunten Kachelbildern geschmückt, die inzwischen leider sehr beschmiert sind. Dabei zeugten sie ursprünglich auf besonders schöne Weise von der kreativen Kraft, die Kinder und Künstler aus dem Falkenseer „Haus am Anger" gemeinsam entwickelt haben. Unter allen möglichen Kindermotiven gibt es da auch ein sehr ernstes Bild zu entdecken: Eine dunkel gekleidete Frau neben einem älteren Herrn, Gertrud Kolmar neben ihrem Vater.

Denn so geschah es: Zu Beginn der 1930er-Jahre starb die Mutter. Bald darauf emigrierten die Geschwister. Gertrud Kolmar blieb mit ihrem Vater allein zurück. Er wollte nicht mehr weg und sie wollte nicht ohne ihn gehen. Im Dezember 1938 mussten die beiden das

Haus in Finkenkrug Hals über Kopf räumen und in ein so genanntes Judenhaus nach Berlin-Schöneberg umziehen. Gertrud Kolmar wurde zur Zwangsarbeit in einer Fabrik verpflichtet. Dann kamen die Deportationen: Der Vater starb in Theresienstadt, Gertrud Kolmar wurde in Auschwitz ermordet. Daran erinnert das Kachelbild in der Bahnhofsunterführung von Finkenkrug. Es wird eingerahmt von zwei andern Bildern, die Motive aus ihren Gedichten zeigen. Sie hat ja nicht nur die Natur besungen. Sie hat sich auch sehr intensiv mit dem Unheil ihrer Zeit auseinandergesetzt. Schon sehr früh hat sie eindringliche Worte des Mitleidens gefunden für alle, die in die Folterkammern der Nazis gerieten. Aber das jüdische Schicksal hatte sie schon zuvor besonders beschäftigt. Denn jüdisch zu sein bedeutete: immer mit Vorurteilen und Anfeindungen leben zu müssen. Wie hält man das eigentlich aus – von klein auf unter Verdacht zu stehen?

Ich bin fremd.
Weil sich die Menschen nicht zu mir wagen,
Will ich mit Türmen gegürtet sein,
Die steile, steingraue Mützen tragen
In Wolken hinein.

„Mit Türmen gegürtet sein" – sich innerlich wappnen, eine innere Haltung entwickeln, die den Anfeindungen standhält. Das hat Gertrud Kolmar, die kleine unscheinbare Frau mit den brennenden, großen Augen, bis zum Ende getan. Es war eine Haltung, die sie „undurchdringliche Abgeschlossenheit" nannte: Nichts, was man ihr von außen antat, sollte sie zerbrechen können.

Eine mit Türmen gegürtete Frau ist auch in der Bahnhofsunterführung von Finkenkrug zu sehen. Und auf dem anderen Bild: eine Kröte. Die Kröte ist das Tier, das alle Leute eklig finden und das doch über eine geheime Weisheit verfügt. Gertrud Kolmar hatte schon lange begriffen, dass gerade das Unansehnliche und Verachtete in der Welt etwas sehr Kostbares birgt – eine Wahrheit, die sonst nirgends Raum hat. Und schließlich hat sie sich selbst in der Kröte gesehen:

Ich bin die Kröte.
Ich atme, schwimme
In einer tiefen, beruhigten Pracht,
Demütige Stimme
Unter dem Vogelgefieder der Nacht.

(...)

Mag ich nur ekles Geziefer dir sein:
Ich bin die Kröte
Und trage den Edelstein ...

Ute Sauerbrey

Hedwig Bollhagen (1907–2001)

„Das sind doch bloß Töppe!" Die kleine alte Dame mit dem weißen Dutt hebt abwehrend die Hände. So hat sich Hedwig Bollhagen denen ins Gedächtnis eingeprägt, die ihre Keramik lieben, die die kleine Frau bewundert haben. Denn es lebt ja kaum noch jemand, der sich daran erinnern könnte, dass diese Frau auch einmal jung gewesen ist. Egal ob Bundeskanzlerin oder Web-Designerin vom Prenzlauer Berg: Für die, die heute ihre blauweißen oder blaugelben Tassen und Teller auf den Tisch stellen, war die Bollhagen schon immer alt. Und bescheiden. Kunst? „Ach Gott, das soll man nu immer sagen: Was ist überhaupt Kunst? Also manche nennen es Kunst, und ich nenne es eigentlich

Hedwig Bollhagen

Teekanne oder Teller oder Tasse", so hat es Bollhagen bei vielen Gelegenheiten gesagt. Auch andere Zuschreibungen wehrte sie beharrlich ab. Als emanzipierte Frau hat man sie gefeiert, die mit siebenundzwanzig Jahren in Velten, der Ofenbauer-Stadt im Norden Berlins, einen Keramik-Betrieb gründete. Als herausragende Vertreterin der Bauhaus-Philosophie, die schlichtes und schönes Gebrauchsgeschirr entwarf. Die Muster erfand, so zeitlos und schön, dass sie heute wie damals Bestand haben, am bekanntesten das Streifendekor mit dem chinesischen Blau, das seit einem halben Jahrhundert gut und teuer verkauft wird.

Aber Bollhagen, geboren 1907 in Hannover, sah sich als Handwerkerin. Nach dem Lyzeum arbeitete sie in einer Bauerntöpferei als Volontärin, denn richtige Lehrstellen bekamen nur die „Jungs", wie sie es ausdrückte. Ihre Mutter allerdings, die Hedwig und die beiden großen Brüder allein großgezogen hat, stand den Berufswünschen ihrer Tochter aufgeschlossen gegenüber. Hedwig besuchte eine keramische Fachschule und ging wie ein richtiger Handwerksbursche auf Wanderschaft, arbeitete bei Keramikmeistern in ganz Deutschland. Sie war noch nicht einmal zwanzig, da wurde sie bei der Steingut- und Fayencefabrik Velten-Vordamm in Velten bei Berlin Leiterin der mehr als hundert „Malmädchen". Bis 1931 blieb Hedwig Bollhagen Entwerferin und Leiterin der Malabteilung, genoss die Nähe zum kulturellen Leben Berlins. In diese Zeit fällt wohl auch ihr Entschluss, nicht künstlerische Einzelstücke herzustellen, sondern mit Gebrauchskeramik in Serie zu gehen. In Marwitz bei Velten baute sie ab 1934 ihre eigene Werkstatt auf, wohnte auf dem Werksgelände, Arbeit und Leben konnte sie nie trennen. Bei ihr fanden Künstler Beschäftigung, deren Arbeiten den Nazis als „entartet" galten, wie der Maler und Keramiker Charles Crodel.

Aber gerade Hedwig Bollhagens erfolgreicher Karrierestart in den 1930er-Jahren gibt immer noch Anlass zu Fragen. Hat die Grande Dame der Keramik von Hitlers Rassenwahn profitiert? Bollhagens Werk in Marwitz gehörte vor 1934 der jüdischen Keramikerin Margarete Heymann-Loebenstein. Die hatte ihre Werkstatt erfolgreich durch die Weltwirtschaftskrise gebracht. Im Nazi-Deutschland sah sie sich aber einer Kampagne von Verleumdungen und Drohungen ausgesetzt, die sie in die Emigration zwang und auch dazu, ihr Werk weit unter Wert zu verkaufen. Die Strippen zog bei dem Verkauf Heinrich Schild,

NSDAP-Mitglied, Generalsekretär des Reichsstandes des Deutschen Handwerks und ein Freund von Hedwig Bollhagen. Er kaufte das Werk, wurde Bollhagens Geschäftsführer. Zur Anschubfinanzierung des neuen Betriebes gehörte auch, die Lagerbestände von Margarethe Loebenstein zu verkaufen, Bollhagen produzierte sogar Entwürfe von Loebenstein noch einige Jahre weiter. Sie hat bis zu ihrem Tod darauf bestanden, dass Margarethe Loebenstein ihre Fabrik händeringend verkaufen wollte und es weit und breit keinen anderen Käufer gab. Allzu viele Gedanken, warum die Loebenstein in Deutschland keine Zukunft hatte und warum sie gegenüber dem Parteigenossen Schild in einer aussichtslosen Verhandlungsposition war, scheint sich Bollhagen nicht gemacht zu haben – zumindest nicht öffentlich.

Hedwig Bollhagen war bei aller Bescheidenheit und Einfachheit eben auch eine ehrgeizige Frau, die sehr genau wusste, was sie wollte. Und die ihre unternehmerische Existenz nicht aufs Spiel setzte, auch in der Nazi-Zeit nicht: Sehr wohl nahm Bollhagen Aufträge von staatlichen Stellen und der SS entgegen. Als Arbeitskräfte in den Kriegsjahren knapp wurden, arbeiteten Zwangsarbeiter in Marwitz mit, deren Lebens- und Arbeitsbedingungen in Bollhagens Werk im Vergleich zum Schicksal anderer Zwangsarbeiter allerdings menschlicher gewesen sind. Ihr Geschäftsführer verließ 1946 die „Sowjetisch besetzte Zone", Bollhagen führte den Betrieb allein weiter und machte in der DDR-Zeit die Enteignung und die Verstaatlichung ihres Betriebes mit, blieb aber dessen künstlerische Leiterin. Aus ihrer Werkstatt kam feines Steingut, Fayence aus einfachem Ton, braunes Steinzeug und Formziegel für den Denkmalschutz: Für das Schloss Sanssouci, die Römischen Bäder und den Cäcilienhof in Potsdam entwarf und produzierte sie Baukeramik. Ob Klosterkirche Chorin oder Rotes Rathaus in Berlin: Überall findet man Keramikteile aus Bollhagens Werk.

Die Sorge um fehlenden Brennstoff und Material, um minderwertige Pinsel und zweitklassigen Ton begleiteten die Unternehmerin, die Bollhagen bis 1972 blieb – in dieser Zeit ging ihre Lebensversicherung für Löhne drauf. Gleichzeitig waren ihre Produkte im Osten heiß begehrte Bückware und verkauften sich auch im Westen gut. 1972 kam dann die Verstaatlichung. Eigentlich hätte Bollhagen nun, fünfundsechzig Jahre alt, in Rente gehen können. Aber sie blieb Marwitz treu, schlug sich herum mit den Absurditäten der sozialistischen Planwirtschaft, die sie zwang, etwa wochenlang nur Deckel herzustellen oder ihre Produktion in Tonnen abrechnen zu müssen. Es sei vor allem „die Dämlichkeit, die damals vorherrschte", gewesen, die ihr zu schaffen machte, hat sie einmal gesagt. 1976 wurden die Werkstätten Teil des Staatlichen Kunsthandels der DDR, und es gab wieder mehr Freiheit zur Gestaltung. Die Betriebsfeste in Marwitz waren Legende, zu den Weihnachtsfeiern gehörte Hedwig Bollhagen im Soldatenmantel als schenkender und mahnender Weihnachtsmann ebenso wie das große Pfefferkuchenhaus, von ihr selbst entworfen.

Über achtzig Jahre alt war sie, als sie nach der Wende ihren Betrieb zurückkaufte und noch einmal von vorne anfing. Schon wieder stülpte man ihr einen ungeliebten Titel über, den der „ältesten Jungunternehmerin Deutschlands". Mit über neunzig schloss sie noch frühmorgens ihre Firma auf und abends wieder ab, lief in blau-weiß kariertem Kittel übers Werksgelände. Sie hatte die Goldmedaille der Pariser Weltausstellung 1937, den Nationalpreis der DDR und das Bundesverdienstkreuz bekommen, als sie 2001 mit dreiundneunzig Jahren starb. Da erst endete ihre Liebe zu den schönen schlichten „Töppen", eine Liebe, die keinen Mann und keine eigene Familie neben sich duldete.

Friedrich Wilhelm Prinz von Preußen

Kira Prinzessin von Preussen (1909–1967)

Der Termin zur Grundsteinlegung der neuen Kaiser-Wilhelm-Gedächtniskirche im Zentrum West-Berlins am 9. Mai 1959 war von den Verantwortlichen und dem Architekten Professor Egon Eiermann mit Bedacht gewählt worden. Er war zugleich der fünfzigste Geburtstag meiner Mutter, der Prinzessin Kira von Preußen. Als Frau des letzten Chefs des ehemaligen preußischen Königshauses, des Prinzen Louis Ferdinand, stand sie ihm zwanzig Jahre liebevoll zur Seite, so dass

Prinzessin Kira und Prinz Louis Ferdinand von Preußen und ihr Sohn Friedrich Wilhelm, 1939 die *Bild-Zeitung* anlässlich ihres frühen Todes im Jahre 1967 auf der Titelseite schrieb: Sie war das Herz Preußens.

Sie lebte in der Gegenwart und blickte in die Zukunft. Ihrer eigenen Geschichte räumte sie auch innerhalb der Familie wenig Raum ein; dabei war ihr Lebensweg eng mit dem dramatischen Schicksal des russischen Zarenreiches verbunden. Kira war am 9. Mai 1909 als zweite Tochter des Großfürsten Kyrill und der russischen Großfürstin Victoria Feodorowna, einer Enkelin der Queen Viktoria, in Paris geboren worden, wo die Familie sehr mondän, aber nicht ganz freiwillig lebte. Kiras Mutter war im Hause Romanow als bereits einmal von einem Prinzen von Hessen geschiedene Frau zunächst nicht unbedingt willkommen. Diese distanzierte Haltung sollte sich jedoch mit dem Tod ihres Schwiegervaters im Jahre 1909 positiv ändern. 1910 kehrte das Großfürstenpaar mit ihren beiden Töchtern nach Russland zurück und lebte von nun an in großem Rahmen in der Zarenresidenz Zarskoje Sjelo bei Sankt Petersburg. Obgleich nach außen loyal, standen Kiras Eltern dem Zarenpaar – nicht zuletzt aufgrund der dubiosen Einflussmöglichkeiten eines Rasputin – kritisch gegenüber. Sie hielten Zar Nikolaus für schwach und unfähig.

Im Juni 1917, nach dem Ausbruch der Revolution, als Kira gerade acht Jahre alt war, floh die Familie in Erwartung eines dritten Kindes, Wladimir, der am 30. August zur Welt kam, aus Russland nach Finnland. Zuvor war in Russland die Duma aufgelöst worden, Zar Nikolaus II. und sein Bruder Michail hatten ihre Abdankung erklären müssen, und die Zarenfamilie war schließlich sogar interniert worden. Doch auch in der nun bereits dritten Heimat Finnland fand die um den kleinen Wladimir erweiterte Familie keine Ruhe. Ende 1917 brach der Unabhängigkeitskrieg der Finnen gegen ihre russischen Verwalter aus. In Russland wurden Zar Nikolaus II. und seine Familie am 16. Juli 1918 von russischen Truppen in Jekaterinburg ermordet. Nach dem Tod des Zaren und der Abdankung des nächsten Bruders Michael wäre Großfürst Kyrill, Kiras Vater, der Repräsentant des Zarenthrones aufgrund einer Inthronisation durch den amtierenden Metropoliten aus Moskau geworden. Diese Möglichkeit bestand jedoch nicht mehr.

Im Jahre 1920 ging die Familie nach Coburg, der Heimat der Großeltern mütterlicherseits, der Großherzöge von Sachsen-Coburg-Gotha. Doch hier in der deutschen Provinz fehlte ihnen die gesellschaftliche Dimension, die sie einst in Paris oder Sankt Petersburg kennen gelernt hatten. Sie hatten Heimweh und sehnten sich danach, nach Russland zurückzukehren. Doch in Russland war die Monarchie inzwischen zerschlagen. Viele Mitglieder des russischen Hochadels waren ermordet worden. An eine Rückkehr war nicht zu denken. Im Jahre 1924 ernannte sich Großfürst Kyrill in Coburg als Nachfolger des ermordeten Nikolaus II. selbst zum Zaren von Russland. Er wurde damit zum Hoffnungsträger und zum Mittelpunkt vieler vor dem Bolschewismus geflohener russischer Exilanten.

Diese aktive politische Tätigkeit wurde durch die Auswirkungen des Vertrages von Rapallo zum Problem, der die Beziehungen zwischen dem Deutschen Reich und der nun Russischen Sozialistischen Föderativen Sowjetrepublik normalisieren sollte. Beide Staaten wollten auf diesem Wege ihre internationale Isolation durchbrechen, in die sie aufgrund des Friedens von Versailles geraten waren. Großfürst Kyrill als Zentralfigur russischer Monarchisten wurde in diesem politischen Klima naturgemäß als störend empfunden. Von diversen Seiten wurde ihm geraten, Deutschland zu verlassen. In dieser für die Familie schwierigen Situation reisten Kira und ihre Mutter im Jahre 1925 zur preußischen Verwandtschaft nach Potsdam, zu Kronprinzessin Cecilie, deren Mutter ebenfalls dem russischen Hochadel entstammte. Die sechzehnjährige Kira hatte sich unübersehbar zu einer der schönsten Prinzessinnen Europas entwickelt, doch keiner der Kronprinzensöhne, zu denen auch ihr späterer Mann Prinz Louis Ferdinand gehörte, schenkte dem jungen zurückhaltenden Mädchen größere Beachtung.

Im Frühjahr 1926 entschied sich das Großfürstenpaar schließlich, Deutschland zu verlassen und nach Frankreich zu übersiedeln. Als neue Heimat wählten sie den kleinen bretonischen Küstenort Saint Briac, in dem bereits andere russische Exilanten und vermögende Engländer lebten. Einzig Privatlehrer und Kiras Fleiß trugen zu ihrer außergewöhnlichen Bildung in dieser bewegten Zeit bei; sie war historisch und politisch sehr interessiert, war zudem ein kreatives Talent – sie zeichnete Pferde und Blumen, schrieb Gedichte – und sprach vier Sprachen fließend.

Im Sommer 1935, nachdem im ehemaligen preußischen Königshaus der älteste Sohn des Kronprinzenpaares, Prinz Wilhelm, aufgrund einer sogenannten unebenbürtigen Ehe mit Dorothea von Salviati von der Erbfolge ausgeschlossen worden war, und sein zweitältester

Bruder, Louis Ferdinand, dadurch die Chance bekommen hatte, zum zukünftigen Chef des Hauses aufzurücken, war ein zweites Treffen des Prinzen mit der schönen Großfürstin arrangiert worden, da man sich nach seiner einseitigen Verliebtheit in die französische Filmschauspielerin Lili Damita auch um seine zukünftige Eheschließung sorgte. In stillem Einvernehmen mit der Kronprinzessin lud deshalb Frau von Mumm, die Gattin des Sektfabrikanten und selbst russischer Abstammung, zu einem Begegnungswochenende in ihr Schloss Johannisberg am Rhein. Doch auch dieses Mal konnte der Prinz sich nicht für die schöne Großfürstin begeistern. Sein Herz schlug erneut für eine Frau, die sich nicht erobern ließ, für Martha Dodd, die couragierte und hochbegabte Tochter des amerikanischen Botschafters in Berlin. Die Familie des Botschafters, die sehr aufmerksam den aufkommenden unmenschlichen Faschismus registrierte – die Tochter berichtete als Journalistin und Autorin darüber in die USA –, verließ Deutschland im Sommer 1937. Martha war zudem inzwischen eine Beziehung zum russischen Militärattaché eingegangen.

Wenige Monate später sollte es zu einer dritten Begegnung zwischen Louis Ferdinand und Kira kommen, die ein Jahr zuvor ihre Mutter verloren hatte. Nach den vorangegangenen Erfahrungen hatten die Familien dieses Mal allerdings den nächst jüngeren Bruder des Prinzen Louis Ferdinand als potentiellen Heiratskandidaten für Kira vorgesehen. Doch es kam erneut anders als geplant. Der dreißigjährige Prinz Louis Ferdinand stand inzwischen unter dem massiven Druck des im Exil lebenden ehemaligen Kaisers, sich endlich standesgemäß zu verheiraten – und die letzte junge Dame, zu der er sich hingezogen fühlte, hatte sich ihm endgültig entzogen und war in die USA zurückgekehrt.

Am 23. Dezember 1937 kamen Kira und ihr jüngerer Bruder Wladimir nach Cecilienhof. Am Vorabend des 24. Dezember wurde traditionell der Christbaum in der großen Halle geschmückt. „Als Kira gerade oben auf der Leiter stand und zu uns herabsah, fing sie einen Blick von mir auf", schrieb Prinz Louis Ferdinand in seinen Erinnerungen. Und dann geschah das völlig Unerwartete: Wenige Stunden später hielt Louis Ferdinand um Kiras Hand an. Noch vor Mitternacht gingen beide an das Bett der Kronprinzessin und des Kronprinzen, um die überraschende Nachricht zu verkünden. „Bisschen plötzlich, aber diesmal wenigstens vernünftig", reagierte Kronprinz Wilhelm. Kronprinzessin Cecilie lachte und weinte. Auch der ehemalige Kaiser sollte sich über seine schöne standesgemäße Schwiegertochter freuen.

Bereits am 2. Mai 1938 fand die russisch-orthodoxe Trauung in der großen Halle von Schloss Cecilienhof statt. Am 4. Mai heiratete das junge Paar beim Großvater im Doorner Exil. Wie immer diese Ehe zunächst motiviert gewesen sein möge, sie war letztlich ein großes Glück für meinen Vater, uns Kinder und das Haus Brandenburg-Preußen. Im Schatten des Prinzen Louis Ferdinand war Prinzessin Kira das eigentliche Licht der Liebe und Toleranz in der Familie und weit darüber hinaus. Unser tiefer Glaube innerhalb der Familie wurde durch sie über enge religiöse Grenzen hinaus praktiziert. Sie, die erfahren hatte, was Flucht bedeutet und die selbst vier Söhne und drei Töchter hatte, lud Kinder aus Flüchtlingsfamilien, die sich ansonsten keine Ferien hätten leisten können, auf die Burg Hohenzollern ein. Gemeinsam mit einer Köchin kümmerte sie sich persönlich um das leibliche Wohl der Kinder. Auch der internationale Austausch lag ihr, der Kosmopolitin, stets am Herzen. Eine besondere Affinität hatte sie – wie mein Vater – zu den Vereinigten Staaten. Gerade nach dem Zweiten Weltkrieg war unserer völlig entwurzelten Familie durch amerikanische Freunde sehr geholfen worden. Meine Mutter gehörte zu den Gründungsmitgliedern des ersten deutsch-amerikanischen Frauenclubs, der Verständigung und Freundschaft über den Atlantik hinweg durch zwischenmenschliche Begegnungen fördern wollte.

Aufgrund ihrer eigenen Sensibilität in künstlerischen Themen war sie eine geschätzte Beraterin und Gesprächspartnerin kreativer Persönlichkeiten. Gemeinsam mit der Architektin Sigrid Kressmann-Zschach entwarf sie unser Berliner Haus und ließ auch mir diverse Einflussmöglichkeiten. Auch Egon Eiermann schätzte während der Planungs- und Bauphase der neuen Kaiser-Wilhelm-Gedächtniskirche das Gespräch mit Prinzessin Kira. Als Reverenz an sie ließ er den Anfangsbuchstaben ihres Vornamens in eines der blauen Glasfenster auf der linken Seite hinter dem Altar einsetzen. Völlig unerwartet starb meine Mutter 1967 im Alter von nur siebenundfünfzig Jahren bei einem Besuch ihres weiterhin in ihrem Elternhaus in Saint Briac lebenden Bruders Wladimir. Sie hat ihre letzte Ruhe in der eigens für sie errichteten russisch-orthodoxen Kapelle auf der Burg Hohenzollern gefunden.

Barbara Wiesener

Libertas Schulze-Boysen (1913–1942)

Als Widerständlerin und Revolutionärin ist sie nicht geboren. Viel zu angenehm und großartig beginnt das Leben der Libertas Viktoria Haas-Heye am 20. November 1913 in Paris, wo ihr Vater als Couturier arbeitet. Sie ist das dritte und letzte Kind der Familie. Der gefragte Modeschöpfer wechselt die Wohnorte wie schöne Kleider. Er lebt mit der Familie in vielen europäischen Metropolen, in denen exquisite Mode gefragt ist. Nach dem Ausbruch des Ersten Weltkriegs geht die Mutter, Fürstin zu Eulenburg-Hertefeld, mit ihren Kindern in ihr Elternhaus, Schloss Liebenberg im Löwenberger Land, zurück. In der großzügigen Schlossanlage erleben die drei „Hasenkinder" eine behütete Kindheit

Libertas Schulze-Boysen

mit Großeltern, Onkeln, Tanten, Cousins und Cousinen. Trotz des Krieges leben sie hier ohne Entbehrungen und Hunger. Die Geschwister erlernen das Reiten und schwimmen in den klaren märkischen Seen. Zunächst erhalten sie Privatunterricht. Als der Vater die Modeabteilung der Berliner Gewerbeschule in der Prinz-Albrecht-Straße übernimmt, kommen die Kinder zur Schule nach Berlin. Hier werden sie von der jüdischen Zeichenlehrerin Valerie Wolffenstein betreut, mit der Libertas eine lebenslange Freundschaft verbinden wird. Liebenberg bleibt der Zufluchtsort und Sammelpunkt der Familie. Auch nach der Scheidung der Eltern im Jahr 1921. Immer wieder beschreibt Libertas in Gedichten diesen geliebten Ort: „O, du mein Liebenberg, mein Heimatort, wo bei der Ankunft liebe Menschen wartend stehen, wenn auf dem Hof der Wagen rasselnd rollt, wo durch die hohen Räume frohe Stimmen schallen, wo leicht der Fuß auf weichem Teppich schreitet."

Auf weichem Teppich schreitet der Fuß des hoch gewachsenen, hübschen jungen Mädchens rasch weiter. Als der Vater in Paris und Zürich eine Modeschule gründet, kommen die Töchter Ottora und Libertas nach Zürich in ein Internat, wo sie die Städtische Töchterschule „Hohe Promenade" besuchen. In der Schule erwirbt sich Libertas schnell Anerkennung und wird zur Klassensprecherin gewählt. Bei den Pfadfindern lernt sie das Akkordeonspielen, das ihr Leben seitdem begleiten wird. Mit einer Schulfreundin gründet sie die Zeitung *Simplicissimus,* in der sie eigene Gedichte und Erzählungen veröffentlicht. „Voll genießen alle Tage / Edle Herzen, die Natur / Ganz durchleiden jede Plage / Aber leben, leben nur! / Glühend brennst Du mir im Herzen / Treibst mich aufwärts, hoch zur Sonne / Doppelt fühl ich Freud und Schmerzen / Zauberwörtchen: Courte et bonne." Fünfzehnjährig schreibt sie dieses Gedicht. Auf welch grausame Weise sich die letzten Worte einmal erfüllen werden, war damals kaum zu erahnen.

Nach einem glänzend bestandenen Abitur geht Libertas 1932 mit dem Vater nach England. Hier vervollkommnet sie ihre Englischkenntnisse und belegt einen Sprachkurs in Oxford. Aber auch in England versteht sie das Leben in vollen Zügen zu genießen. Sie spielt Tennis und Hockey, reitet mit Freunden und wird zu vielen Partys geladen. „(...) das Leben zeigt sich mir so reich, nachdem ich einmal die Augen geöffnet habe, so überreich an Schwerem und Schönem, dass ich nicht fähig bin, alles zu fassen, geschweige denn zu verarbeiten. Darum muss ich nun versuchen, meinen Blick für das wirklich Wertvolle zu üben und meine Gedanken von allem Unwichtigen zu säubern", schreibt Libertas 1932 programmatisch über ihre Zukunft.

Als der Nationalsozialismus über Deutschland hereinbricht, kommt Libertas nach Berlin zurück. Hier will sie sich mit journalistischem Schreiben und Übersetzungsarbeiten eine eigene Existenz aufbauen. Vom Nationalsozialismus ist sie zunächst, wie ihre Familie, sehr begeistert. Bereits im Frühjahr 1933 tritt sie in die NSDAP ein und wird Pressereferentin der Filmgesellschaft Metro-Goldwyn-Mayer. Beim Segeln trifft sie Harro Schulze-Boysen 1934 auf dem Wannsee. Für Libertas ist es der Beginn einer großen Leidenschaft. Harros Zuneigung ist verhaltener. Mit seinem Freund Henry Erlanger wurde er als Redakteur des *Gegner* 1933 von der SA verhaftet und gefoltert. Henry überlebt die brutalen Schläge nicht. Seine Schreie graben sich tief in Harros Seele ein. Nach seiner Freilassung bricht er das Jurastudium ab. Mit aller Kraft möchte er nun das menschenfeindliche NS-System entlarven und stürzen. Im Zentrum der Macht plant er akribisch sein Ziel. Er wird Mitarbeiter des Reichsluftfahrtministeriums. Nach einigen Ausbildungskursen steigt er schnell zum Leutnant auf. Sein Leben sieht keine Familiengründung vor. Ohne Trauschein lebt das Paar schon bald in einer gemeinsamen Wohnung. Auf Drängen der Eltern planen Libertas und Harro Schulze-Boysen im Sommer 1936 ihre Hochzeit auf Schloss Liebenberg. Harro möchte keine traditionelle Ehe führen. Aber seine Mutter bemängelt immer wieder Libertas' ungenügende hausfrauliche Ambitionen. Harro kontert und erklärt, dass er seine Frau lieber am Schreibtisch als in der Küche sieht. In der Tat ist es Libertas viel angenehmer, Texte zu verfassen oder ein schnelles Auto zu chauffieren, als sich mit Kochrezepten zu befassen. Noch vor der Hochzeit zieht das Paar in eine geräumigere Wohnung in der Waitzstraße 2 in Charlottenburg. Die Wohnung ist schnell eingerichtet. Möbel sind in dieser Zeit in Berlin billig zu kaufen, da viele jüdische Familien emigrieren und ihr Hab und Gut zurücklassen müssen.

Während in Berlin die Olympischen Spiele ausgetragen werden und Deutschland der Weltöffentlichkeit eine liberale politische Haltung vortäuscht, heiraten Libertas und Harro auf Schloss Liebenberg im kleinsten Familienkreis. Anschließend reisen sie nach Schweden. Für Harro ist es eine Dienstreise im Auftrag des Reichsluftfahrtministeriums, um Schwedisch zu lernen und die Kriegsvorbereitungen des Nachbarlandes zu erkunden. Die neue, geräumigere Wohnung in

Berlin wird zum Treffpunkt für viele Menschen, die aus allen Schichten der Gesellschaft stammen. Ihre kritische Haltung zum NS-Staat vereint sie und ist Hauptgegenstand der Gespräche. Trotz zunehmender Gefährlichkeit. Auch Libertas verändert ihre politische Haltung. 1937 beantragt sie ihren Austritt aus der NSDAP. Dennoch bleiben viele Freunde Libertas gegenüber skeptisch. Besonders den Frauen ist Libertas zu oberflächlich, zu mondän, zu selbstverliebt und zu abenteuersüchtig für eine verantwortungsvolle Widerständlerin. Für kurze Zeit arbeitet Libertas als Filmschriftleiterin bei der *National-Zeitung*, wo sie Filmkritiken verfasst. Sie arbeitet an einem eigenen Drehbuch über eine Schiffsreise. Als in Spanien der Bürgerkrieg tobt, beginnen sich die Freunde in Charlottenburg für eine intensivere konspirative Tätigkeit zu entscheiden. Trotz der drohenden Lebensgefahr. Auch der Schriftsteller Günther Weisenborn kommt in den Freundeskreis der Eheleute Schulze-Boysen. Mit ihm beginnt Libertas für kurze Zeit eine Liebesbeziehung. Harro bleibt gelassen. Unter der zunehmenden Last der konspirativen Tätigkeit und des politischen Doppellebens hat sich das enge Band ihrer Liebe bereits unmerklich gelockert.

Als Deutschland den Krieg beginnt, erlernt Harro Schulze-Boysen die russische Sprache und knüpft Kontakte zu Arvid Harnack und zu russischen Geheimagenten. Seit dem 1. November 1941 erhält Libertas beim Reichspropagandaministerium eine Festanstellung als Referentin für das Sachgebiet „Kunst, deutsches Land und Volk" in der Kulturfilmzentrale. Sie redigiert Drehbücher für Spiel- und Dokumentarfilme und bekommt ein eigenes Büro. Von der Ostfront gelangen zahlreiche Fotos von Massenerschießungen, Plünderungen und Deportationen der jüdischen Bevölkerung in das Archiv ihrer Pressestelle, das die Täter für propagandistische Zwecke zur Verfügung stellen. Libertas kopiert die Fotos heimlich, um sie später für Aufklärungsflugblätter zu verwenden.

Mit einem Kollegen des Reichsluftfahrtministeriums installiert Harro Schulze-Boysen ein Funkgerät, mit dem sie Informationen der Wehrmacht der Sowjetunion in die Hände spielen. Als ihr Code dechiffriert wird, werden Harro und sein Kollege im August 1942 verhaftet. Unter Folter werden Kontakte und Namen erpresst. Im September kommt auch Libertas in Gestapohaft. Sie wird mit Freundlichkeit und Hafterleichterungen geködert. Das macht sie vertrauensselig. Zu ihrem Geburtstag dürfen die Mutter und der Bruder Johannes Libertas im Gefängnis besuchen. Libertas ist zuversichtlich und hofft auf eine Haftstrafe. In kurzen Abständen werden zweihundert Mitglieder der Harnack-Schulze-Boysen-Gruppe inhaftiert. Im November werden die ersten Prozesse vor dem Militärgerichtshof durchgeführt. Harro und Libertas sehen sich ein letztes Mal. Beide werden zum Tode verurteilt. Letzte Gedichte und Briefe von Libertas aus der Gefängniszelle gelangen in die Hände der Mutter: „Libertas an Harro! Du bist mir lieber als das Leben / Ich zahle mit dem höchsten Preis / Mehr habe ich ja nicht zu geben / Nun hast Du den Beweis / Wir brauchen uns nie mehr zu trennen / Wie ist das groß und schön! / Wir wollen stolz es Freiheit nennen / Der Geist wird fortbesteh'n."

Am 22. Dezember 1942 stirbt Libertas Schulze-Boysen neunundzwanzigjährig unter dem Fallbeil in Berlin-Plötzensee. In einem letzten Brief bittet sie ihre Mutter: „Erzähl allen, allen von mir." Die kleine Schlosskapelle in Liebenberg trägt ihren Namen. Eine Ausstellung erzählt von ihr.

Wilhelm Hüffmeier

Ingeborg-Maria Freiin von Werthern (1913–1996)

„Ich bin eine Brücke von einer alten Zeit in eine neue Zeit", hat Frau von Werthern als fast Achtzigjährige in einem Fernsehinterview von sich selber gesagt. Obwohl als Pastorin der Ortsgemeinde Heiligengrabe in der Prignitz schon seit 1976 im Ruhestand, führte sie 1992 noch immer das Amt der Äbtissin des einst streng katholischen Zisterzienserinnenklosters und späteren evangelischen Damenstifts, von dem das Dorf nebenan seinen Namen bekam: Heiligengrabe. Inzwischen über siebenhundert Jahre alt, war das zwischen Wittstock und Pritzwalk gelegene Kloster eines der großen und reichen in Brandenburg. Aber um die Äbtissin war es einsam geworden, seit 1987 das letzte

Ingeborg-Maria Freiin von Werthern

Mitglied des Konvents der Stiftsdamen, Frau Elfriede von Abendroth, gestorben war. War das das Ende der alten Zeit? Gelegentlich hat die Äbtissin solche Fragen selbstbewusst und selbstironisch so beantwortet: „Das Stift bin ich."

Es war kein Zufall, dass die am 27. Januar 1913 in Kassel geborene Tochter eines preußischen Offiziers (die Mutter stammte aus Thüringen) in das evangelische Stift zum Heiligengrabe kam, das seit 1846 ein Lyzeum für Mädchen aus dem preußischen Adel mitsamt ihren Lehrerinnen beherbergte. „Armer Soldatenadel", hat sie selber ihre Herkunft charakterisiert. Schon früh fühlte sie sich zur Kirche hingezogen. In der Zivilgemeinde der Garnisonkirche zu Potsdam, wohin die Familie nach dem Krieg gezogen war, hat sie Kirche als Familie erfahren. Dort wurde sie auch am 1. April 1928 konfirmiert. Vier Jahre später hat sie im Oberlyzeum der Kaiserin-Auguste-Stiftung in der Soldatenstadt ihr Abitur gemacht. Nach dem Theologiestudium in Berlin, Tübingen, wo besonders die Professoren Karl Heim und Adolf Schlatter sie anzogen, und wieder Berlin hat Fräulein von Werthern auch ihr „Lehrvikariat" in der Garnisonkirchengemeinde bei Pfarrer Rudolf Damrath absolviert. Damraths Zeugnis ist ein einziges Lob für eine junge Theologin, die wie „ein Jünger Jesu täglich aus dem Wort der Bibel schöpft und ihr Leben danach gestaltet". Nach Damrath ist sie „für das Amt einer Vikarin in jeder Hinsicht geeignet".

Die Wahl des Theologiestudiums war für eine junge Frau damals ein Wagnis, denn die Gleichstellung von Mann und Frau im Pfarramt gab es noch nicht. Predigen, taufen, konfirmieren etc. durften Vikarinnen ebenso wenig wie heiraten. Für sie waren pädagogische Tätigkeiten in der Jugendarbeit, Seelsorge und Unterricht in Gemeinde oder der Diakonie vorgesehen. Doch aufgrund ihrer starken Liebe zur Arbeit mit Menschen in der Kirche ging sie das Risiko ein. Ihr Studium war im Übrigen nicht frei von Krisen, zum einen wegen der hohen wissenschaftlichen Anforderungen, zum andern offenbar aufgrund einer Schwärmerei für einen Tübinger Professor, der zu den „Deutschen Christen" gehörte. Doch Krisen gehören zu einem Theologiestudium dazu. Ihre inneren Nöte hat sie durch einen zehnmonatigen Arbeitsdienst im schwäbischen Bad Boll überwunden. Das Tun ist oft weiser als das Herz.

In ihrem Lebenslauf zum 1. Theologischen Examen (1938) schreibt die Studentin, dass sie „seit dem 1. Dezember 1931 der Nationalsozialistischen Bewegung und seit 1933 dem Nationalsozialistischen Deutschen Studentenbund angehöre". Diese Sympathie hat sie rückblickend mit dem bewussten Deutschtum, der Vaterlandsliebe sowie der Herkunft von den Soldaten begründet. Mitglied der hitlerhörigen „Deutschen Christen" ist sie freilich nie geworden. Später hat sie vielmehr aufgrund ihrer alleinigen Bindung an den biblisch bezeugten Christus von einer „inneren Beziehung" zur „Bekennenden Kirche" gesprochen, der sie aber nicht beitrat. Kirchensoziologisch gehörte sie also zu den so genannten Neutralen im Kirchenkampf.

Noch vor Ablegung des zweiten Theologischen Examens wurde die angehende Vikarin von Werthern Mitte Juni 1940 von ihrem Konsistorium in Berlin mit der geistlichen Betreuung der Schülerinnen der Stiftschule in Heiligengrabe beauftragt. Dieser Auftrag war verbunden mit der Wahrnehmung der kirchlichen Arbeit im Dorfe Techow (später umbenannt in Heiligengrabe), zu dessen Kirchengemeinde fünf weitere Dörfer gehörten. Der Ortspfarrer Brendemühl war zum Kriegsdienst eingezogen und ist später gefallen.

Ob Vikarin von Werthern vom zuständigen Superintendenten Fritz Leutke, der zugleich Stiftspropst war, am 1. Dezember 1940 förmlich ordiniert, d. h. zur öffentlichen Wortverkündigung und Sakramentsverwaltung berufen, oder, wie es das Vikarinnengesetz der Evangelischen Kirche der altpreußischen Union von 1927 vorsah, nur für ihren Dienst eingesegnet wurde, lässt sich nicht mehr klären. Leutke soll auf Rückfragen aus dem Berliner Konsistorium nach der Grundlage seines Handelns geantwortet haben: „Aufgrund Prignitzer Notrechts". Ob nun ordiniert oder nur eingesegnet, von den nun folgenden Tätigkeiten lässt sich beides begründen: Im Stift, wo sie zunächst auch wohnte, hat sie Religions- und Konfirmandenunterricht erteilt und war sie Seelsorgerin der Schülerinnen. Gleich im Jahr 1940 waren es siebzig Konfirmandinnen. Bei solchen Zahlen ist es bis zum Kriegsende geblieben. Die Konfirmation blieb aber dem Stiftspropst vorbehalten. Anders war es im Dorf. Dort ließ sich der eingeschränkte Dienst einer Vikarin je länger, je weniger durchhalten. Sie musste das Abendmahl reichen und hielt Trauergottesdienste für gefallene Soldaten aus den Dörfern. In gewisser Weise wurde der Krieg zu einem Beförderer der Gleichstellung von Frau und Mann im Pfarramt, die kirchenrechtlich erst 1962 erfolgte. Die Gemeinden gingen dabei mit der Zustimmung zu ihrer „Pastorin" voran.

Schon während des Krieges und erst recht mit der Ankunft der Flüchtlinge ab Mitte Januar 1945 sowie später mit dem Einmarsch der sowjetischen Truppen in Heiligengrabe wurde der Dienst der Vikarin nicht nur umfangreicher, sondern auch sehr viel schwerer. Noch im April 1945 wurden einhundertzwanzig Konfirmandinnen eingesegnet. Danach schloss die Stiftsschule. Am 2. Mai besetzten russischen Soldaten das Dorf und das Kloster. Später zogen auch Flüchtlinge in Gebäude des Klosters ein. So blieb es bis zum Spätsommer 1946. Doch zunächst bestimmten Plünderungen, Zerstörungen und Vergewaltigungen die Situation. Der Vikarin, inzwischen im Pfarrhaus wohnhaft, gelang es immer wieder, sich der sexuellen Gewalt zu entziehen, z. B. indem sie sich mit einer Stiftsdame auf einem Heuboden bei hochgezogener Leiter verbarg. Andere Frauen im Dorf mussten Schwerstes erleiden. Die Beerdigungen häuften sich. Einmal musste ein Ehepaar beigesetzt werden. Der Mann hatte versucht, seine Frau vor der Vergewaltigung zu schützen und wurde darauf in Gegenwart von Dorfbewohnern erschossen. Kurz darauf nahm seine Frau sich das Leben. Von der Beerdigung einer Stiftsdame auf dem Stiftsfriedhof berichtet eine Schülerin, dass die Vikarin „gerade Hepatitis hatte und vor Schwäche beinahe ins Grab gefallen wäre".

Das Kloster mit seinem großen Land- und Forstbesitz fiel 1946 – widerrechtlich – mit Ausnahme des Stiftsguts Rapshagen der von Wilhelm Pieck ausgerufenen Bodenreform zum Opfer. Das Stiftsgelände mit der Abtei und den Häusern konnte damals für die kirchliche Arbeit nur dadurch zurück gewonnen werden, dass die aus dem schlesischen Miechowitz vertriebenen „Friedenshortdiakonissen" mit ihrer Betreuung elternloser Kinder dort einzogen. Im Frühjahr 1946 hatte Bischof Otto Dibelius zu ihnen gesagt: „Heiligengrabe könnt ihr haben. Aber da sind die Russen drin. Betet sie raus." Das taten sie, und mit Gebet und Überredungsarbeit gelang es ihnen, am 9. September 1946 die Schlüsselgewalt über das Stift zu erhalten. Die Russen zogen ab.

Dibelius hatte gemeint, die Zukunft im Kloster gehöre den Diakonissen, und die haben auch großartige Aufbauarbeit geleistet. Doch mit der am 26. Oktober 1952 als Nachfolgerin von Armgard von Alvensleben vom Berliner Bischof eingeführten Äbtissin von Werthern war die Wahl auf eine Person gefallen, die anderes vorhatte: die Fortführung des Klosters in neuer Zeit. Deshalb wollte sie Brücke sein und wurde es: Brücke zwischen Tradition und neuen Herausforderungen, Brücke zwischen den Stiftsdamen (zwei neue wurden zu den acht vorhandenen mit ihr eingeführt) und dem Friedenshort, Brücke zwischen dem Stift und dem Dorf. Und diese Funktionen hat sie alle in überzeugender Weise ausgefüllt. Dabei bediente sie sich als Zeichen ihrer geistlichen Autorität neben dem klugen Wort auch des Äbtissinnenstabes. Ihr zur Seite standen ein Stiftshauptmann für rechtliche und finanzielle und ein Stiftspropst für geistliche Angelegenheiten.

Bis in das Jahr 1976 blieb Frau von Werthern die Pastorin in Heiligengrabe, hochgeschätzt in der Gemeinde und im Kreis der Kollegen. Im Pfarrkonvent war sie in dieser Zeit die einzige Frau, aber ihr – wenn auch seltenes – Wort ließ aufhören und hatte Gewicht. Das galt auch für ihre Predigten, die sich durch eine einfache Sprache mit Wortwitz, einen klaren dreiteiligen Aufbau und theologischen Tiefgang auszeichneten. Aber auch die Konfirmanden im Dorf sprach sie an, nicht zuletzt mit Führungen durch das Stift, dessen Geschichte sie lebendig erzählen konnte. Die Konfirmanden, heißt es, hingen, obwohl sie keinen Spaß verstand, an ihren Lippen. Im für die Kirche kritischen Jahr 1953 hatte sie noch dreißig Konfirmanden, darunter die ganze achte Klasse des Dorfes. Zeitweilig war sie auch Frauenhilfsbeauftragte ihres Kirchenkreises. Als solche hielt sie an verschiedenen Orten Vorträge. Ihr feiner Humor wird etwa daran deutlich, dass sie einen Vortrag über *Die Bibel in der Hand der Frau* mit einem Abschnitt „Die Bibel im Schrank der Frau" einleitete.

Zwischen dem Friedenshort und der Äbtissin ergab sich von Anfang an ein vertrauensvolles Verhältnis des Gebens und Nehmens. Die acht Jahre ältere Diakonisse Erna Steineck wurde ihre Vertraute und Seelsorgerin, und die Äbtissin unterrichtete die Kinderdiakoninnen des Friedenshortes, hielt dort Bibelarbeiten für die Schwestern und gab Konfirmandenunterricht für die behinderten Kinder. Es gelang ihr, die durchaus unterschiedlichen Frömmigkeitstypen, die pietistisch geprägte Spiritualität der Diakonissen und den brandenburgisch-nüchternen Glauben der Stiftsfrauen auf biblischer Grundlage beieinander zu halten. Dennoch war das Miteinander nicht spannungsfrei. Als in der ersten Hälfte der 1960er-Jahre in der Stiftskirche ein aus dem Domstift Brandenburg ausgeliehener Marienaltar aufgestellt wurde, liefen die Diakonissen Sturm gegen die unevangelische Verherrlichung Marias. Die Äbtissin hatte für solche Auseinandersetzungen keine Ader, was sie auch in einer offenbar verletzenden Bemerkung zum Ausdruck brachte. Sie war aber auch groß genug, sich dafür zu entschuldigen und ein auswärtiges Gremium um Schlichtung zu bitten. Und die gelang. Maria wurde ein Christuskind in den Arm gegeben. Das beruhigte die evangelischen Gemüter.

Das Amt der Dorfpastorin war nach dem Übergang der Macht in die Hände von kommunistischen Bürgermeistern und Landräten nicht leichter geworden. Einer der Bürgermeister von Techow nach dem Krieg, der sich als KZ-Opfer ausgegeben hatte, in Wahrheit aber KZ-Wärter war, machte der Vikarin das Leben ebenso schwer wie die FDJ. Man wollte sie isolieren und vertreiben. Doch solchen Bestrebungen setzte sie eine aus der Bergpredigt gespeiste freundliche Unverdrossenheit entgegen. Wo sie nicht gegrüßt wurde, grüßte sie selber erst recht so lange, bis die andern nicht anders konnten, als den Gruß zu erwidern. Langsam wurde sie auch eine von den neuen Machthabern respektierte Persönlichkeit, zumal alle wussten: Sie geht nicht weg. Ihr biblisches Leitbild war das vom guten Hirten, der unter allen Umständen bei seiner Herde bleibt. Dabei half auch, dass sie nicht verheiratet war. Später hat sie ihr Leben ohne Mann und Familie souverän und schmunzelnd so kommentiert: „Es hat sich nicht ergeben. Aber Kinder hatte ich in der Gemeinde immer genug."

Wie schwer es war, innerhalb des Stifts die Brücke von der großen Vergangenheit in eine im Nebel liegende Zukunft zu schlagen, zeigt sich daran, dass die Zahl der Stiftsdamen, die den Konvent bildeten, mit den Jahren immer kleiner wurde. Ihre Jahresberichte im Kuratorium des Stifts in den 1960er- und 1970er-Jahren sind durch ein Stereotyp gekennzeichnet: „Alle Bemühungen, neue Stiftsdamen zu gewinnen, blieben ohne Erfolg." Umso mehr setzte die Äbtissin auf die Arbeit der Paramentikwerkstatt für die nach dem Kirchenjahr wechselnden Kanzel- und Altardecken (Antependien) und auf das Ende der 1960er-Jahre eingerichtete Gästehaus für Chor-, Konfirmanden- und Gemeindefreizeiten. Im Jahr 1987 wurde es durch einen mit Geldern der westlichen Gliedkirchen der Evangelischen Kirche der (ehemals altpreußischen) Union finanzierten Neubau, das heutige Klosterhotel, ersetzt. Bei der Kirche der Union lag seit 1853 die Kirchenaufsicht über das Stift. Das Jahr 1987 war überhaupt ein Höhepunkt ihrer Zeit als Äbtissin. Der Prignitzer Kirchentag mit über 1 000 Teilnehmern wurde aus Anlass der 700-Jahrfeier des Klosters auf dem Stiftgelände gefeiert.

Als im November 1989 die Mauern und der Stacheldraht in

Deutschland fielen, war die Äbtissin sechsundsiebzig Jahre alt und noch kein bisschen müde. Und das trotz einer schweren Krankheit wenige Jahre zuvor, deren Überwindung sie als eines der Wunder bezeichnet hat, die ihr widerfahren sind. Bis in das Jahr 1992 hat sie weiter Gäste begrüßt und im Stift, zumal in der Abtei, der Kirche und der Heiliggrabkapelle, geführt. Doch die Nutzung der Gebäude befand sich nach wie vor in den Händen des Friedenshortes. Zugleich war die Frage der Sanierung und Renovierung der jahrhundertealten Gebäude offen. Wiewohl, wie sie selber von sich sagte, der „letzte der Mohikaner“, hat die Äbtissin unverdrossen die Hoffnung auf Wiederaufbau und Neuanfang gehabt. Aufgeben – das kam für sie nicht in Frage. Deshalb war es mehr als angemessen, dass sie am 2. Dezember 1992 mit dem Bundesverdienstkreuz 1. Klasse ausgezeichnet wurde. Der damalige brandenburgische Ministerpräsident Manfred Stolpe überreichte es ihr und hielt die Festrede für ihre ungewöhnliche Standhaftigkeit als Christin in schwerer Zeit und für ihre Entschlossenheit, das geistliche und kulturelle Juwel des Klosters Stift zum Heiligengrabe für die Zukunft zu retten.

Den Einzug zweier neuer Stiftsdamen als Keimzelle eines neuen Konvents hat sie noch erlebt und auch die Ankündigung der Rückgabe des Stiftswaldes an das Kloster. Am 14. März 1996 ist die Äbtissin von Werthern nach kurzer Krankheit gestorben. Zu Epiphanias hatte sie noch dem Friedenshort die Andacht gehalten. Am 23. März wurde sie, wie einst bei der Einführung, unter starker Beteiligung der Bevölkerung und vieler Gäste aus nah und fern auf dem Kirchhof neben der Stiftskirche beigesetzt. Die Abschiedspredigt hielt Generalsuperintendent Günter Bransch, ihr langjähriger Seelsorger. Mit ihr starb eine einfache, aber markante Kirchenfrau, die Manfred Stolpe in eine Reihe mit Kirchenführern wie Otto Dibelius, Kurt Scharf und Günter Jacob gestellt hat. Für viele Prignitzer, ehemalige Konfirmanden und Stiftsschülerinnen und viele Gemeindeglieder stand sie an Bedeutung und geistlichem Einfluss weit über diesen Kirchenmännern. Sie selber hat 1992 auf die Frage, was sie an zukünftige Generationen weitergeben möchte, geantwortet: „Gott vermag Wunder zu tun und tut auch Wunder“. Wer das Stift heute besucht, erfährt, wie sehr sie Recht hatte.

Ingrid Seeburg-Henkys

Erna Roder (1916–2007)

Es ist ein großes Fest, das Ende August 2009 an der Oder gefeiert wird: Kienitz, das kleine Dorf hinterm Deich, wird 775 Jahre alt. Etwas abseits vom Festrummel steht die Kirche. Ein Hügel trägt sie auf seinem Buckel, ich muss hinauf steigen. Der Gottesdienstraum im ersten Stock der Kirche ist verschlossen, aber der so genannte befestigte Ruinenteil steht Besuchern immer offen. Ein riesiges Holzkreuz, aus rohen Dachbalken zusammengefügt, lässt mich ruhig werden. In der Stille des Raumes gehen meine Gedanken viele Jahre zurück zu dem Tag, an dem ich Erna Roder kennen lernte.

Kohlgeruch zieht aus einem Fenster der Kienitzer Dorfkirche,

Erna Roder

und auch die Tür zum Gotteshaus steht weit offen. Ich trete ein und treffe die Pfarrwitwe Erna Roder beim Gemüseputzen an – sie wohnt in der Kirche. Sie will nicht mit mir sprechen und mich gleich rausschmeißen: Sie habe den ganzen Presserummel satt, ich solle gefälligst verschwinden. Später erfahre ich, dass sie, bei aller Güte des Herzens, sehr energisch sein und unverblümt ihre Meinung sagen kann. Nach Kräfte aufreibendem Hin und Her darf ich dann doch bleiben und werde sogar zum Mittagessen eingeladen. Wir teilen ihr bescheidenes Mahl, nachdem sie mich mit listig-fragendem Blick – mal sehen, ob die das kann! – gebeten hat, das Tischgebet zu sprechen. Als ich diese Prüfung bestehe, bin ich akzeptiert.

Niemand kann sagen, ob Erna Roder durch ihre naive Malerei oder durch die Wiederherstellung der Kienitzer Kirche bekannt geworden ist im Oderbruch. Angefangen jedenfalls hat alles mit Ehekrächen im eigenen Haus. Es gefiel der Pfarrfrau von Kienitz nicht, dass die Dorfkirche in den 1970er-Jahren immer mehr verfiel, und sie trieb ihren Mann an, Geld zur Renovierung zu beschaffen. Das war Pfarrer Roder zu dieser Zeit unmöglich, und ein Wunder wie 1950 würde sich wohl nicht wiederholen. Damals erschienen ein schwedischer und ein Schweizer Bischof, besahen sich bereits vorliegende Pläne für einen Wiederaufbau des durch den Krieg arg zerschundenen Gotteshauses und sagten: „Fangen Sie an, wir bezahlen." Und es entstand etwas Besonderes, etwas ganz Neuartiges: Kirche und Pfarrwohnung unter einem Dach. Im Erdgeschoss Pfarrwohnung und Amtszimmer, im ersten Stock die Gemeinderäume und dahinter, über die ganze Seitenfront, der Gottesdienstsaal. Ein Teil des Chorraumes blieb zur Mahnung für die zerstörerische Kraft von Kriegen als eine befestigte Ruine stehen. So wie es heute noch ist, oder besser: wieder ist. Denn der Zahn der Zeit, ach, er nagte besonders an den Kirchen im Osten. Mauern, Anstrich, Fenster, Dach, Bausubstanz – alles verkam langsam. Die Dorfkirche von Kienitz glich immer mehr einer abgetakelten Schönheit.

Als Anfang der Achtzigerjahre Pfarrer Roder starb, setzten sein Tod und die Verantwortung, die seine Frau für das Gotteshaus verspürte, ungeahnte Kräfte in ihr frei. Sie wollte die Kirche vor dem Ruin bewahren, also musste Geld her. Sie fing an, auf Porzellanteller und Brotbrettchen, später auch auf ausgemusterte Schindeln des Kirchendachs kleine naive Bilder zu malen. Sie ist dem Zauber der Oder verfallen, liebt dieses stille Land hinterm Deich und nimmt die Motive aus der Landschaft und Tierwelt des Bruchs. Has' und Rehlein schauen verträumt über die Oderwiesen, Bienen taumeln von Blume zu Blume, schlanke Halme biegen sich, Sonne wärmt Fluss und Deich und den Bauern auf dem Feld.

Jedes Scherflein, das Erna Roder mit ihrer Malerei einnimmt, gibt sie für die Restaurierung der Kienitzer Dorfkirche aus. Sie selbst lebt anspruchslos und bescheiden. Sie bezahlt Handwerker, aber sie packt auch mit an. Zuerst hat niemand sie ernst genommen. „Die ist verrückt", wurde im Dorf getuschelt, als sie anfing, selber den Hügel um die Kirche zu roden und die Grundmauern zu sanieren. Sie ist der Meinung, dass ohne Gott keine Ordnung ist in der Welt, und in dem SED-regierten Staat hat sie dem lieben Gott mit ihren Möglichkeiten ein bisschen geholfen: „Ich will, dass die Leute in die Kirche kommen!"

Alle bekamen ihren unbeirrbaren Willen zu spüren, und mancher mag gottergeben geseufzt haben. So wie Detlef Bücker, ihr Nachbar. Jahrelang haben sie zusammen an der Kirche geschuftet. Er bekam mächtigen Ärger mit seinem Arbeitgeber, der LPG. Feierabendarbeit war das zwar, aber er flog trotzdem raus, als er nach mehrfacher Mahnung die Arbeit an dem Gotteshaus nicht einstellte. Erna Roders „zwingende Energie", wie er sagt, ließ ihm keine Wahl. Anderen übrigens auch nicht. Wer vorbei kam, musste anpacken, einmal war es eine ganze Wohngemeinschaft aus West-Berlin, die nachts auf den Kirchenbänken schlief. Detlef Bücker gab nicht auf, selbst dann nicht, als die Zementlieferungen boykottiert wurden: „Der Einsatz von Frau Roder hat mir so imponiert, und ich konnte auch nicht zusehen, wie ein solches Kulturdenkmal verfällt", sagt er, der mit Kirche eigentlich gar nichts am Hut hatte. Zement und Sand hat er dann – angeblich – für eigene Zwecke beschafft und später alles mit der Schubkarre aufs Kirchengelände umgeladen. Das Material war nur um zehn Ecken zu bekommen, und manches Pfund Kaffee aus den Westpäckchen der alten Pfarrwitwe wurde zur Bestechung verwendet.

Finanziell konnten sich die benachbarten Gemeinden nicht an der Sanierung der Kirche beteiligen. Aber als der Partnerkirchenkreis in Moers am Rhein dem Kirchenkreis Seelow ein Baugerüst schenkte, wurde es zur Unterstützung von Frau Roders Privatinitiative sofort bereitgestellt. Als die Kirchengemeinde eine Erbschaft machte, konnte davon, organisiert und unter Anleitung von Erna Roder, der Gottesdienstraum im ersten Stock renoviert werden, und er bekam neue Fenster.

Glaube, Liebe, Hoffnung – diese drei geben ihr Kraft und lassen sie nie verzagen. In unseren langen Gesprächen merke ich: Sie ist keine Schwätzerin, sie ist eine Frau der Tat. Eine barmherzige Samariterin ist sie, wenn Obdachlose aus den Oderwiesen bei ihr anklopfen und um ein Nachtquartier bitten, oder wenn Otto, mit Lungenkrebs und ohne Zuhause, Aufnahme bei ihr findet und bis zuletzt von ihr gepflegt wird. Als junges Mädchen hat sie Krankenschwester gelernt, das ist jetzt hilfreich. Zwei Alkoholkranke aus dem Dorf sind durch ihre Fürsorge genesen. Sie weiß nicht recht, wie sie das gemacht hat. Geredet hat sie mit ihnen, immer wieder, und gebetet für sie, ja, vor allem das. Ihr gelang, was keine Entziehungskur geschafft hatte.

Für jeden Schmerz kennt Erna Roder ein Kräutlein, das sie am Deich oder in den Wiesen sammelt. Mit den Patienten einer Ärztin wandert sie in die Oderwiesen und zeigt, wo die verordneten Kräuter wachsen und wie sie aussehen. Säckeweise nimmt ihr auch ein Heilpraktiker die Pflanzen ab, die sie sorgfältig getrocknet hat. Sie fordert nichts und ist mit dem zufrieden, was man ihr gibt. Alles fließt in die Renovierungskasse, auch weiterhin der Erlös ihrer Bilder, die immer beliebter und bekannter werden. In ihrer naiven Kunst liegt der Traum von der heilen Welt, wie ihn mancher träumt, wenn die Wiesenblumen blühen und die Störche stolzieren, wenn die Kirche auf ihrem Hügel weiß über die Oder strahlt und der Himmel so hoch und so weit ist. „Ich male die Welt heil und schön, so wie ich sie haben möchte", sagt sie und berührt damit die Menschen: „Ihre Bilder stimmen mit unserer Sehnsucht überein", bestätigt eine Eintragung in Erna Roders Gästebuch. Ein großer Erfolg wird der Oderbruch-Kalender mit Reproduktionen ihrer Bilder, den sie viele Jahre herausgibt, und der auch im Büro des Ministerpräsidenten hängt.

Menschen, Tiere und Märchenfiguren entspringen ihrer Fantasie und werden aus märkischen Feldsteinen und Zement zu Skulpturen geformt, naiv und originell, mit hintergründigem Witz. Deutlich davon erzählt der Stein-Zoo an einer Ecke des Dorfes. Heilkräuter von Deich und Wiesen setzt sie zwischen die Tiere. Wild und reizvoll ist dieses Paradies, angelegt als kleiner Lehrgarten für Schüler.

Schließlich wird ihre unermüdliche Einsatzbereitschaft auch öffentlich anerkannt. Sie wird die erste Ehrenbürgerin der Gemeinde Kienitz und ein paar Jahre später mit dem Titel „Brandenburgerin des Jahres 1994“ ausgezeichnet. Im September 2007 – kurz vor ihrem Tod im Dezember – bekommt sie die Verdienstmedaille des Verdienstordens der Bundesrepublik Deutschland verliehen. Schon lange wagt niemand mehr, über sie zu spotten. Seit 1999 kann sie wegen Altersschwäche und Krankheit nicht mehr malen, fünf Jahre später zieht sie um in das Seniorenzentrum Letschin. Hier wird die bescheidene Frau mit dem gütigen Herzen bis zu ihrem Tod umsorgt.

Musikfetzen und fröhlicher Lärm von der Straße unterbrechen plötzlich meine Gedanken und meine Erinnerungen an Erna Roder. Ich schrecke auf, bin wieder im Heute, in der Gegenwart. Draußen scheint die Sonne auf das Dorf und die feiernden Menschen, und ich spüre: Über allem liegt unsichtbar das Lächeln der alten Pfarrfrau.

Barbara Wiesener

Maxie Wander (1933–1977)

„Guten Morgen, du Schöne / Steig auf den Apfelschimmel und reite Galopp / Ich warte auf dich im Walde / Mit einem Zelt ungeborener Kinder / mit Nachtigallen und einer Hyazinthe / mit einem Bett aus meinem Körper."

Dieses Zigeunerlied wurde Leitmotiv und Titel für Maxie Wanders erstes Buch *Guten Morgen, Du Schöne*, das 1977, in ihrem Todesjahr erschien. Dessen Erfolg sie sterbend kaum noch wahrnehmen konnte.

Maxie Wander

Das Maxie Wander aber postum weit über die Grenzen der DDR bekannt machte.

Neunzehn Frauen zwischen sechzehn und neunzig Jahren erzählen darin von Liebe und Leid, Beruf und Kindern, von Verzweiflung und Glück. Dass Maxie Wander eine gute Fragerin und Zuhörerin war, bezeugen die authentisch gezeichneten Frauenfiguren. „Unsere Lage als Frauen sehen wir differenzierter, seitdem wir die Gelegenheit haben, sie zu verändern. Wir befinden uns alle auf unerforschtem Gebiet und sind noch weitgehend uns selbst überlassen." So beschreibt sie im Vorwort zu ihrem Buch ihre eigene Situation und die der befragten Frauen. Der zwanzigste Text, über sich selbst, ist zwischen den Zeilen zu lesen. Erst nach ihrem frühen Tod veröffentlichte ihr Ehemann Fred Wander aus mehreren tausend Briefen und Tagebuchseiten den Text ihres Lebens, von dem der erste Teil 1979 erschien. 1980 und 1990 folgten die erweiterten Bände *Leben wär' eine prima Alternative* und *Ein Leben ist nicht genug*. Das Geheimnis ihrer genauen Urteilskraft und ihres besonderen Sehens mag wohl in der Tatsache begründet sein, dass sie von einem „anderen Ort" aus schrieb.

Maxie Wander, die eigentlich Elfriede – oder kurz Fritzi – hieß, wurde am 3. Januar 1933 in dem „roten" Wiener Arbeiterbezirk Hernals geboren. Ihre Eltern, Alois und Käthe Brunner, gehörten der KPÖ an. Von ihrer Kindheit in dem großen Gemeindebau erzählt sie im Tagebuch: „Wenn meine Mutter Steine klopfen war, bin ich eben in irgendeine andere Wohnung gegangen, wo gerade eine Mutter zu Hause war, oder eine Großmutter." Nach dem Anschluss Österreichs an das NS-Deutschland im Jahr 1938 musste Maxie Wander früh die Fähigkeit erlernen, zwischen der privaten und der faschistisch geprägten Schulöffentlichkeit zu unterscheiden, um die Eltern nicht zu gefährden. Eine traumatische Erfahrung, wie auch die Geburt ihres sieben Jahre jüngeren Bruders Hermann, der ihr später ein wichtiger Briefpartner wurde. Beide schwer zu bewältigenden Situationen hält die Biografin Sabine Zurmühl für die Ursache ihres Sprachfehlers. Zeitlebens brachte das Stottern Maxie Wander in der Öffentlichkeit in große Nöte. Vorzeitig brach sie die Mittelschule ab und ging als Lohnarbeiterin in eine Wiener Kartonagenfabrik. Nach einem Stenografiekurs erhielt sie eine Anstellung beim Wiener Friedensrat. Durch ihre Cousine lernte sie den jüdischen Schriftsteller Fred Wander (Fritz Rosenblatt) kennen, den sie 1953 heiratete. Nach der Geburt ihrer Tochter Kitty siedelte die Familie Wander 1958 in die DDR über. In Kleinmachnow, nahe der Grenze zu Westberlin, erhielten sie ein kleines Siedlerhaus. Kurz darauf kam Berti (Roberto) aus einem Waisenhaus der DDR als Geschwisterkind in die Familie. 1965 wurde Daniel geboren.

In der neuen brandenburgischen Heimat versucht sich Maxie Wander zwischen Kindern, Hausarbeit und Manuskriptseiten des Ehemannes in verschiedenen Berufen, um ihre Eigenständigkeit zu behaupten und den Familienetat zu unterstützen. Sie arbeitet als Gerichtsreporterin für die *Märkische Volksstimme*, als Sekretärin im Teltower Geräte- und Reglerwerk und als Bibliothekarin an der Rundfunkschule. Im Tagebuch notiert sie: „Aber jeder Ausbruch aus dieser Zwangsjacke, in der ich stecke, jeder Kontakt mit Menschen außerhalb unseres Kreises, der notwendig ist, um nicht zu versauern, muss später mit doppelter Anstrengung im Haushalt bezahlt werden.“ Die noch immer bestehende de facto Ungleichheit der Geschlechter empfindet sie zeitlebens als große Bürde und Gefahr für ihre Ehe: „Aber trotz Gleichheit vor dem Recht sind die Frauen in diesem Land noch immer beschissen dran! Und natürlich ergeben sich aus dieser Zwangslage persönliche Reibungen und Zwiste. (...) Ich habe Angst, dass wir bald eine dieser mittelmäßigen Ehen führen werden wie fast alle Leute.“

Immer wieder thematisiert sie in ihren Tagebüchern und Briefen ihre Unzufriedenheit mit sich selbst. Sie versucht sich an eigenen Geschichten und entwirft verschiedene Romanprojekte. In den Briefen nach Wien und Paris zu Freunden und Verwandten beschreibt sie häufig die Schwierigkeit ihrer besonderen Lebenssituation: „Wir sind entwurzelt. Fred bemängelt das übrigens auch an meinen Geschichten. Er sagt, sie sind weder wienerisch noch deutsch, sie klingen wie Übersetzungen.“

Wenn die Großmutter aus Wien sie in Kleinmachnow vertreten kann und ausreichend Devisen vorhanden sind, begleitet sie Fred auf Reisen nach Paris und in die Provence. Fotos und Tagebuchnotizen entstehen. Ihre Pariser Fotos werden in Fred Wanders Buch *Doppeltes Antlitz – Pariser Impressionen* veröffentlicht und ernten viel Lob und Anerkennung. Der kleinbürgerliche relative Wohlstand ihrer Wahlheimat und das angepasste opportunistische Verhalten vieler Schriftstellerkollegen bereiten Maxie Wander immer wieder Unbehagen. Sie schreibt in ihr Tagebuch: „Das gute und schöne Leben, das wir uns alle wünschen und in unseren Lehrbüchern verherrlichen, ein Leben ohne

Krieg, ohne Hunger, ohne Not, in Wohlstand und Überfluss (...). Was wird es uns bringen? Menschen ohne Gefühl, die keine Eckzähne mehr haben, keine Kraft und keinen Saft. Und auch keine Heroen, um mal eine Situation, wenn es hart auf hart geht, zu bestehen."

In einem Brief an den Vater schreibt sie: „Und ist das mit der sozialen Sicherheit, die wir alle wünschen und auf die wir bei Gott ein Recht haben, ist das nicht wieder so eine Schlinge? Dort, wo der Kampf aufhört, fängt die Bequemlichkeit an und der Eigennutz und alle miesen Seiten wohlhabender Bürger." Im Kindergarten und in der Schule wird sie mit dem sozialistischen Bildungssystem konfrontiert. Immer wieder kritisiert sie fragwürdige pädagogische Praktiken und riskiert Zusammenstöße mit Lehrern und Erziehern. Sie schreibt ins Tagebuch: „Charaktere, Persönlichkeiten gibt es auch unter Kindern, und was für welche! Aber sie fallen aus der Norm und sind unbequem. Der Nivellierungsapparat setzt sich in Aktion. Das ganze Schulsystem, die Lehrbetriebe sind falsch angelegt, denn es wird nur auf Drill, auf Dressur geschaut, alles Schöpferische wird unterdrückt, Eigeninitiative hat kaum Chancen sich zu entwickeln!"

Im Mai 1968 verunglückt die Tochter Kitty tödlich. Als sich der graue Schleier über ihrem Leben wieder langsam zu lichten beginnt, schreibt sie in ihr Tagebuch: „Der Drang zu schreiben ist gewaltiger und beruhigender als ich dachte. Ich dachte: Nie wieder, vorbei dieser eitle Unsinn! Und dann lockt mich wieder das weiße Papier, die Tasten, ein Bleistift." Sie beginnt wieder intensiver zu schreiben. Rekonstruiert Kittys Sterben und ihre Trauergeschichte. Bis sie schreibend feststellt: „Man lernt, mit dem Kummer zu leben, man bekämpft ihn nicht mehr, lebt mit ihm als einem Gefährten." Langsam wendet sie sich wieder den lebenden Kindern, ihrem Ehemann und den Freunden zu, froh, noch Menschen zu haben, die sie lieben kann, die sie brauchen. Sie stellt fest: „Und plötzlich überkommt mich ein tiefes Staunen – die Welt ist schön! Und ich empfinde Mitleid mit den Geschöpfen dieser Erde. Ist das ein Zeichen, dass ich noch nicht verloren bin?" Sie verordnet sich Schreibübungen, um ihre Sinne wieder zu beleben: „Die Eigenart und Farbe eines jeden Tages mit Worten einzufangen, Zeichen, Signale (...)."

Mit der heimatlichen Großstadt als ihrem wichtigsten Erfahrungsort und einem österreichischen Reisepass im Hintergrund bleiben die Wanders in der provinziellen Enge von Kleinmachnow immer die beneideten Fremden. Maxie Wander beklagt das und sucht vergeblich den Ort, dem sie sich wirklich zugehörig empfinden kann. Obwohl sie inzwischen beinahe zwei Jahrzehnte im Brandenburgischen leben, stellt sie fest: „(...) da werde ich wohl nie dazugehören, ich spüre das. Was in Wien einfach hingenommen wird, als Gleichklang, Vertrautes, Selbstverständliches – hier reiben sie es einem unter die Nase: Wie niedlich die Sprache, wie kindisch und unreif der ganze Mensch, wie verschlafen, ungezwungen, unkonventionell (...).“ Die Abhängigkeit von dem Urteil der Anderen hemmten sie einerseits und setzten sie andererseits in Bewegung, ihre eigene unverwechselbare Sprache und Ausdrucksform zu finden.

In den ihr verbleibenden neun Lebensjahren nach dem Tod der Tochter beginnt ihre produktivste Schreib- und Lesezeit. Immer wieder zieht sie in Gesprächen, Briefen und Tagebucheintragungen zu Felde gegen Dogmatismus, Spießertum, Prüderie und Verlogenheit, die sie nicht für unvermeidbar hält: „Aber leider haben wir ein paar Idioten am Werk, die unsere schöne, gute linke Atmosphäre versauen wollen.“ Mit ihren fiktiven Geschichten hat sie bei Verlagen wenig Erfolg. Aus den vielen menschlichen Begegnungen beginnen sich langsam die Frauenporträts herauszuschälen, die sie als Tonbandprotokolle aufzeichnet. In den fremden Geschichten und Ansichten kann sie ihre eigenen Fragen an das Leben einbringen, überdenken und weiterführen. Immer wieder stellt sie fest, dass sie sich mehr zu den „einfachen und eigentlich derben Menschen“ hingezogen fühlt, dass die „Tünche, Täuschung, Lebenslüge“ der „Verfeinerten“ sie abstößt. „Substanz, Vitalität und moralische Kraft hab ich immer nur bei den einfachen Menschen erlebt, die durch das Leben gewachsen und erstarkt sind.“

Als die Krebserkrankung zu ihrer unvermeidbaren Wirklichkeit wird, glaubt sie, „ihre Philosophie“ gefunden zu haben – der Glaube an die Kraft, die in allem Lebendigen wohnt, die man nicht ungestraft verletzen darf.

Am 20. November 1977 stirbt Maxie Wander im Potsdamer Klinikum.

Manfred Stolpe

Regine Hildebrandt (1941–2001)

Als Regine Hildebrandt am 26. November 2001 in Woltersdorf an Leber- und Nierenversagen, den Auswirkungen ihres Brustkrebsleidens, starb, waren in Brandenburg, Berlin und weit darüber hinaus viele Menschen von tiefer Trauer ergriffen. Auch heute bleibt sie unvergessen als die beliebteste Politikerin Ostdeutschlands nach dem Sieg der friedlichen Revolution in der DDR, dem Übergang von Diktatur und Staatsplanwirtschaft zu Demokratie, Rechtsstaat und Marktwirtschaft sowie dem Wiederaufbau des Landes Brandenburg.

Wortgewaltig kam sie ohne Umschweife zur Sache und setzte sich für die Benachteiligten, insbesondere die Arbeitslosen, ein. Ihr

Regine Hildebrandt

Einsatz galt bis zuletzt der Herstellung gleichwertiger Lebensverhältnisse in ganz Deutschland. Sie wurde zur Stimme des Ostens. Aber sie hat immer gesamtdeutsch gedacht. Ihr Leben war verwoben mit der deutschen Geschichte. Sie lebte in der Bernauer Straße unmittelbar an der Grenze und so in beiden Teilen Berlins. „Wenn wir aus'm Fenster gekieckt haben, war'n wir mit'n Kopp im Westen". Die Grausamkeit des Mauerbaus und die brutale Trennung Deutschlands erlitt sie mit ihrer Familie ganz persönlich. Die Zusammengehörigkeit der Deutschen war für Regine Hildebrandt eine Grundüberzeugung.

Regine Hildebrandt erkannte frühzeitig, dass eine neue Spaltung durch den wirtschaftlichen Umbruch mit seinen Massenentlassungen drohte. Und sie wollte, dass die Menschen im Osten mitgenommen werden in dem schwierigen Übergangs- und Anpassungsprozess von der Planwirtschaft in die Marktwirtschaft. Sie sah den sozialen Sprengstoff und die wachsende Differenzierung zwischen Gewinnern und Verlierern der Einheit, zwischen arm und reich. Sie warb im Westen um Respekt für ostdeutsche Biografien und im Osten um Verständnis für die Prägung der Westdeutschen durch andere Lebenswege. Sie war überzeugt, dass Deutschland zusammenwächst, weil es zusammen gehört. Aber sie wusste auch, dass die Deutschen aus West und Ost dafür miteinander statt übereinander reden müssen und Zusammenarbeit das Zusammenwachsen erheblich erleichtert. Regine Hildebrandt war stets unterwegs als „Predigerin" der deutschen Einheit.

Regine Hildebrandt hat hohe Ehrungen erfahren. Sie war die Frau des Jahres 1991, erhielt den Gustav-Heinemann-Bürgerpreis, die Hamm-Brücher-Medaille, den Fritz-Bauer-Preis, den Kulturgroschen des Deutschen Kulturrates, den Medienpreis „Goldene Henne", den Förderpreis der Solidarität und das Große Verdienstkreuz der Bundesrepublik Deutschland. Aber vor allem lebt sie in den Herzen der Menschen, und die Zahl derer, die sie persönlich nicht erlebten, aber sie auf Grund ihrer Lebensleistung verehren, wächst.

Regine Hildebrandt wollte nicht Politikerin werden. Die promovierte Diplom-Biologin liebte ihren Beruf und brachte in Ausbildung und Tätigkeit hervorragende Leistungen im VEB Berlin Chemie und in der Zentralstelle für Stoffwechselkrankheit. Regine Hildebrandt war sehr vielseitig. Sie war eine harte Schwimmerin bei jedem Wetter. Sie sammelte Vogelstimmen und konnte sie perfekt imitieren. Sie kannte sich auch in der Pflanzenwelt bestens aus und betätigte sich intensiv als

Hobby-Astronomin. Sie lebte aktiv in ihrer Kirchengemeinde und sang im Berliner Domchor. Regine Hildebrandt war ein Familienmensch, ihr Ehemann Jörg, ihre Kinder, ihre Enkel, ihr Zuhause in Berlin-Mitte und später in Woltersdorf waren ein Lebensmittelpunkt, eine Energiequelle und ein wichtiger Rückhalt in schwierigen Zeiten. Hier lebte sie in ihrem Element. Hier wurde gekocht und gebacken auf vielen Töpfen und Pfannen. Hier konnte sie sechzehn ihrer berühmten Frankfurter Kränze hintereinander backen. In der Familie wurde gebastelt, gesungen, Feste vorbereitet und gefeiert. Ihr Leben war erfüllt.

Regine Hildebrandt ging aus Einsicht in die Notwendigkeit in die Politik. Sie erlebte die unerträglichen Verhältnisse in der DDR, die politische Bevormundung, Unterdrückung Andersdenkender, den Wahlbetrug, fehlende Reisefreiheit, die ineffektive Wirtschaft und die Verweigerung jeglicher Reformen durch die Partei- und Staatsführung der DDR. Regine Hildebrandt wollte verändern und neu gestalten. Sie trat im Oktober 1989 in die neu gegründete Sozialdemokratische Partei ein, beteiligte sich am 4. November mit einer Plakataktion an der großen Demonstration für Reformen in der DDR. Sie erlebte den Sturz Honeckers, den Mauerfall und erkannte, dass es nicht genügt, politische Forderungen zu stellen, sondern dass auch gehandelt werden muss. Regine Hildebrandt kandidierte bei der ersten freien Wahl in der DDR für die Volkskammer. Sie wurde Arbeits- und Sozialministerin in der letzten DDR-Regierung und dann im Land Brandenburg.

Arbeitsmarkt, Gesundheits- und Sozialwesen waren die Prioritäten ihres politischen Handelns. Den Menschen im Osten Deutschlands angesichts der wachsenden Massenarbeitslosigkeit eine Beschäftigungs- und Erwerbsperspektive zu geben, wurde zum zentralen Anliegen von Regine Hildebrandt. Mit aller Kraft kämpfte sie dafür, Arbeit statt Arbeitslosigkeit zu finanzieren, und sie rang um eine bessere soziale Abfederung Arbeitsloser im Einigungsvertrag. Sie erkannte, dass Frauen besonders von der Arbeitslosigkeit betroffen waren und sorgte für Kindergartenplätze, um Frauen das Erwerbsleben zu ermöglichen. Darüber hinaus sah Regine Hildebrandt die Notwendigkeit und Chance, die Krankenhauslandschaft neu zu gestalten, Alten- sowie Pflegeheime zu modernisieren und neu zu bauen. Nicht wenige dieser Einrichtungen tragen ihren Namen.

Regine Hildebrandt nannte immer wieder die Kernziele brandenburgischer Politik im Neuanfang: Arbeitsplätze sichern, neue Arbeitsplätze schaffen, Arbeitsförderung ausbauen, solange zu wenig Arbeitsplätze zur Verfügung stehen. „Es ist besser, Arbeit zu bezahlen als Arbeitslosigkeit", wurde durch sie zu einem Kampfruf. Von den Menschen forderte sie Lernbereitschaft in den neuen Verhältnissen, die Bereitschaft Neues zu wagen, denn „wer abwartet, hat schon verloren".

Regine Hildebrandt wusste um die Notwendigkeit, auch bei aller Selbstbehauptung und Durchsetzung des Einzelnen in der Marktwirtschaft, den gesellschaftlichen Zusammenhalt zu bewahren. Die Menschen mussten in die neue Zeit mitgenommen werden. Ihre Teilhabe an der Demokratie sowie an verschiedensten Formen des gesellschaftlichen Lebens wie Kultur, Sport, Kirche ist notwendig, um Vereinzelung, Isolierung, Asozialität zu verhindern. „Kinder, vergesst nicht: Der eigentliche Sinn des Lebens liegt im Miteinander."

Regine Hildebrandt packte die riesigen Aufgaben mit vollem Einsatz an. Was sie tat, tat sie ganz. Unermüdlich und rastlos unterwegs, notierte sie alle Probleme, Projekte, Lösungswege akribisch auf Zetteln, markierte sie farbig, bewahrte sie in Klarsichtfolien auf und hatte sie stets griffbereit. „Es gibt so viel zu tun", „Es muss schnell gehen", „Uns bricht zu viel weg", war oft von ihr zu hören. Von sich und ihren Mitarbeiterinnen und Mitarbeitern hat sie viel verlangt. Aber sie war ihnen gegenüber auch fürsorglich, ja liebevoll. Schwierigkeiten akzeptierte sie nicht. „Das geht nicht, gibt's nicht" und „Das müssen wir hinkriegen" waren ihre Aufforderungen an die Mitstreiter.

Bei alledem waren Regine Hildebrandt die Gespräche mit den Menschen wichtig. Sie hörte Sorgen und Hoffnungen an, machte Mut, forderte zum Handeln auf, half mit Rat und Tat. Immer hat sie sich zuerst für Benachteiligte eingesetzt. Ihr Engagement wurde angenommen, weil es auf Sachkenntnis basierte und von Herzen kam. Als Mutter dreier erwachsener Kinder, als weibliches Oberhaupt einer Großfamilie wusste sie, worauf es ankam. Regine Hildebrandt hat immer Tacheles geredet, und das auch noch im Berliner Dialekt. Sie sprach gern und schnell, ohne Punkt und Komma. Dafür endeten viele ihrer Sätze mit einem Ausrufezeichen. Sie war unverstellt, gerade heraus, von umwerfender Offenheit, großer Herzlichkeit und vor allem absolut integer. Sie war glaubwürdig und vertrauenswürdig. Regine Hildebrandt war geachtet und auch gefürchtet, weil sie in keiner Diskussion ein Blatt vor den Mund nahm. Sie konnte witzig sein, schlagfertig, laut und leise – aber nie still. Regine Hildebrandt hatte einen gänzlich unkonventionellen Politikstil. Bei ihr konnte man zwischen Mensch und Politikerin nicht trennen. Für diese unerschütterliche Vertrauenswürdigkeit, dieses Ernstnehmen der Betroffenen ohne Taktiererei liebten sie die Menschen.

Woher nahm Regine Hildebrandt ihre übermenschliche Kraft? „Die Größe der Aufgabe fordert mich", hat sie dann geantwortet. Sie sah die großen Probleme des Umbruchs und Neuanfangs mit dem Ende der DDR, der deutschen Einheit und der für die Ostdeutschen neuen Erfahrungen der rauen Wettbewerbswirtschaft. Als preußischer Pflichtmensch mit heißem Herzen sah sie sich herausgefordert, den Menschen Chancen zu vermitteln. Sie trat für Menschenwürde und Gerechtigkeit ein. Menschenliebe, Nächstenliebe war ihr Antrieb. Die überzeugte Christin Regine Hildebrandt verkündigte ihre Glaubensbotschaft weniger in Worten, sondern vor allem in unermüdlichen Taten.

Anfang 1996 spürte Regine Hildebrandt einen Knoten in der Brust, suchte einen Arzt auf, und der empfahl ihr eine Mammografie. Diese Untersuchung schob sie hinaus, arbeitete weiter wie bisher. Zeit für sich selbst blieb ihr kaum. Sie gönnte sich nur wenig Ruhe und schonte ihren Körper nicht. Als sie nach Monaten endlich zum Arzt ging, war der Krebs bereits fortgeschritten, eine sofortige Operation unausweichlich und der histologische Befund niederschmetternd. Schon waren mehrere Lymphknoten befallen und der Tumor über das Lymphsystem in den Körper gelangt. Die Prognose war nicht gut, die Heilungschancen lagen bei fünfzig Prozent. Nach einem radikalen Eingriff, bei dem eine Brust und einige Lymphknoten entfernt wurden, wusste sie, wie ernst ihre Krankheit war. Sie machte sich wenig Illusionen über eine längere Lebenserwartung. Es blieb ihr nur wenig Zeit, für sich allein, mit der Familie im privaten Rahmen in Ruhe darüber nachzudenken. Schon nach der Operation mussten Bildjournalisten aus dem Zimmer vertrieben werden. Regine Hildebrandt kam zu der Einsicht, dass es besser wäre, die Öffentlichkeit nicht zu scheuen. Nun gab es keine Trennung mehr zwischen der erkrankten Frau Hildebrandt und der Politikerin, zwischen der Privatperson und der engagierten Kämpferin für soziale Gerechtigkeit.

Im Anschluss an die Operation folgte eine Chemotherapie. Parallel dazu gab es schwerwiegende, aber letztlich unbegründete Vorwürfe wegen der Führung ihres Ministeriums. Regine Hildebrandt stellte sich der Öffentlichkeit. Niemand fiel auf, wie elend ihr war, wie sie alle Kraft zusammen nahm, um schwierige Termine zu überstehen. Doch unabhängig von ihrem Gesundheitszustand nahm sie öffentliche Aufgaben wahr. Regine Hildebrandt war bewusst, dass sie in der Mediengesellschaft als eine Person des öffentlichen Lebens selbst das aller Privateste nicht für sich behalten konnte. Sie entschied sich für die Offensive. Jeder wusste Bescheid, und die Menschen dankten es ihr mit echter Anteilnahme und Bewunderung.

Als nach der Landtagswahl 1999 eine Koalition der SPD mit der CDU gebildet wurde, verweigerte Regine Hildebrandt die Mitarbeit und verließ die Landesregierung. Doch ihre Popularität und ihre Präsenz im öffentlichen Leben nahmen nicht ab. Ihr Terminkalender blieb prall gefüllt und ihre Stimme erscholl aus allen Winkeln Deutschlands. Bis in die letzten Tage ihres Lebens blieb Regine Hildebrandt ein Mensch der Öffentlichkeit, immer bemüht, dort wo sie stand, Dinge zu bewegen, für andere da zu sein.

Ab Oktober 2000 breitete sich der Krebs weiter aus, Metastasen bildeten sich in der Leber. Neue, oft qualvolle Therapien waren notwendig, doch sie konnten die Krankheit nicht aufhalten. Regine Hildebrandt sprach davon, dass man auch mit schwerer Krankheit leben kann, dass es ein Geschenk ist, am Leben zu sein. Sie beschäftigte sich mit der Frage nach einem Sterben in Würde und warb für eine Legalisierung der Sterbehilfe. Noch in ihren letzten Lebenstagen weihte sie ein Hospiz für unheilbar Kranke in deren letzten Lebenswochen ein. In den letzten Stunden ihres Lebens blieb sie mit ihrer Familie zusammen. Die Menschen, die sie besonders liebte, waren bei ihr, als sie ihren letzten Weg antrat.

Bammel, Dr. Christina-Maria
Pfarrerin der Evangelischen Kirche Berlin-Brandenburg-schlesische Oberlausitz (Sophiengemeinde Berlin)

Bobey, Helga
Studienleiterin für Frauenarbeit in der Evangelischen Kirche Berlin-Brandenburg-schlesische Oberlausitz

Erb-Rogg, Jutta
Diplom-Religionspädagogin, Leiterin des Friedhofs Bornstedt (Weltkulturerbe)

Freybe, Peter
Gemeindepfarrer, bis 2005 Direktor des Predigerseminars und Prediger an der Schlosskirche in Lutherstadt Wittenberg, davor Studienleiter am Pastoralkolleg in Templin (Uckermark)

Gélieu, Dr. Claudia von
Diplom-Politologin, Frauengeschichtsforscherin, Vorträge und Führungen im Rahmen der Kooperation „Frauentouren", zahlreiche frauenhistorische Publikationen

Gribnitz, Dr. Barbara
Historikerin und Germanistin, DAAD-Lektorin an der Université d'Artois in Arras, Frankreich, seit April 2008 Mitarbeiterin des Kleist-Museums in Frankfurt (Oder)

Hardenberg, Astrid Gräfin von
bis 1990 Beamtin bei der EU-Kommission in Brüssel, 1998 gründete sie im Andenken an ihren Vater die Carl-Hans Graf von Hardenberg-Stiftung

Hohn, Frank
Sozialpädagoge, Organisationsberater, Betriebswirt, Vorstandsvorsitzender der Hoffbauer-Stiftung

Hüffmeier, Dr. theol., Dr. theol. h. c. Wilhelm
Pfarrer im Ruhestand, zuletzt Leiter der Kirchenkanzlei der Union Evangelischer Kirchen in der EKD, 1995 bis 2009 Vorsitzender des Kuratoriums des Klosters Stift zum Heiligengrabe

Hustädt, Ingrid
Lektorin für sorbische pädagogische Literatur im Witaj-Sprachzentrum bei der Domowina – Bund Lausitzer Sorben e. V., bis 1992 Lehrerin für Russisch und Sorbisch; Übersetzerin, Herausgeberin von Anthologien, Kurzprosa, Lyrik

Leschonski, Antje
gelernte Buchhändlerin, Mitbegründerin der Initiative „Dorfkirchensommer in Brandenburg"; Veröffentlichungen zur brandenburgischen Kulturgeschichte, insbesondere zur Kirchen- und Denkmalgeschichte

Leschonski, Dr. theol. Heinz
evangelischer Pfarrer und Oberkonsistorialrat im Ruhestand

Leschonski, Dr. Henrik
Germanist, Publikationen im Rahmen der Mitarbeit in der Publikationsabteilung der Akademie der Künste, Berlin

Mohr, Gudrun
Diplombibliothekarin, bis zum Ruhestand 2003 Tätigkeit in der Regionalbibliothek Neubrandenburg, Veröffentlichungen zu regionalgeschichtlichen Themen

Obert, Angelika
Pfarrerin, seit 1994 Leiterin des Evangelischen Rundfunkdienstes Berlin-Brandenburg, Filmbeauftragte der Evangelischen Kirche Berlin-Brandenburg-schlesische Oberlausitz

Oelker, Dr. Simone
Kunsthistorikerin, seit 1998 freiberuflich als Kunsthistorikerin tätig, Schwerpunkte: Architektur und Denkmalpflege des 20. Jahrhunderts

Oppen, Asta von
Studium der Theologie mit Schwerpunkt Kirchengeschichte; seit 2002 Leiterin des Vereins Yehudi Menuhin Live Music Now Berlin e. V.

Preußen, Dr. Friedrich Wilhelm Prinz von
Historiker, Kuratoriumsvorsitzender der Stiftung Kaiser-Wilhelm-Gedächtniskirche Berlin, zahlreiche Publikationen

Radeke-Engst, Cornelia
seit 2008 Landespfarrerin für Frauen- und Familienarbeit der Evangelischen Kirche Berlin-Brandenburg-schlesische Oberlausitz, zuvor Dompfarrerin in Brandenburg/Havel

Richter, Manfred
Pfarrer im Ruhestand, Diplompädagoge, zuvor Direktor des Evangelischen Bildungswerks der Evangelischen Kirche Berlin-Brandenburg, Leiter des Kunstdienstes der Evangelischen Kirche am Berliner Dom

Sauerbrey, Ute
Theologin und Publizistin, seit 2009 Pfarrerin in Berlin-Lübars, zuvor Redakteurin der *Evangelischen Wochenzeitung – Die Kirche*

Schnurbein, Dr. Rüdiger Freiherr von
Historiker, seit 2005 Leiter des Dommuseums in Brandenburg/Havel

Schönherr, Annemarie
Pfarrerin im Ruhestand, zahlreiche kirchliche Ehrenämter (Evangelische Frauenarbeit, Kuratorium Evangelische Akademie Berlin-Brandenburg, Deutscher Evangelischer Kirchentag)

Seeburg-Henkys, Ingrid
Journalistin, langjährige Tätigkeit beim Evangelischen Rundfunkdienst Berlin, Reportagen für Hörfunk und Printmedien

Stolpe, Dr. Manfred
Bundesminister für Verkehr, Bau und Wohnungswesen und Beauftragter der Bundesregierung für die Neuen Bundesländer von 2002 bis

2005, Ministerpräsident Brandenburgs von 1990 bis 2002, Konsistorialpräsident der Ostregion der Evangelischen Kirche Berlin-Brandenburg und stellvertretender Vorsitzender des Bundes der Evangelischen Kirchen in der DDR von 1982 bis 1990, davor Leiter des Sekretariats des Bundes der Evangelischen Kirchen in der DDR

Usko-Meißner, Dr. Marianne
Journalistin und PR-Fachfrau; freie Journalistin für Hörfunk, Fernsehen und Illustrierte, langjährige Leitung der West-Berliner Redaktion des Evangelischen Pressedienstes

Wiesener, Dr. Barbara
Journalistin, bis 1992 als Chemikerin wissenschaftliche Mitarbeiterin in einem Lebensmittelchemischen Institut in Potsdam, danach Studium und Promotion in neuer deutscher Literatur und Kunstgeschichte

Zeller, Dr. theol. h. c. Eva
Schriftstellerin, Autorin von Kinderbüchern, Romanen, Erzählungen, Gedichten, Hörspielen und Essays, Mitglied im internationalen PEN-Club und der Deutschen Akademie für Sprache und Dichtung

Zibler, Barbara
Historikerin, seit 1989 Leiterin des Heimatmuseums Treptow, seit 2006 Leiterin des Fachbereiches Heimatmuseum Treptow-Köpenick von Berlin

Bildnachweis

Johannes Reuschel: S. 17; Tangermünder Tourismus-Büro: S. 21; Fouqué-Gesellschaft Berlin-Brandenburg e.V.: S. 47; Hoffbauer-Stifung: S. 64; Archiv Emil Cauer: S. 69; Sammlung Dr. Wolfgang Grittner: S. 74; Stiftung Archiv der Parteien und Massenorganisationen der DDR im Bundesarchiv (SAPMO-DDR): S. 79; Hausarchiv Burg Hohenzollern: S. 85; Gerda Neese: S. 91; bpk – Bildagentur für Kunst, Kultur und Geschichte: S. 98; Gudrun Mohr: S. 106; Sorbisches Institut/Sorbisches Kulturarchiv: S. 112; Heimatmuseum Treptow-Köpenick: S. 121; Stiftung 20. Juli 1944: S. 129, 149; Deutsches Literaturarchiv Marbach: S. 134; Sigrid König: S. 140; Friedrich Wilhelm Prinz von Preußen: S. 144; Kloster Stift zum Heiligengrabe/Joachim Pfaff: S. 154; Dr. Günter Blutke: S. 161; SLUB Dresden/Deutsche Fotothek/Christian Borchert: S. 166; Jörg Hildebrandt: S. 171.